愛知県公立高等学校

令和四年学力検査

全日制課程　B

第一時限問題　国語

検査時間　九時十分から九時五十五分まで

「解答始め」という指示があるまで、次の注意をよく読みなさい。

注意

(一) 解答用紙は、この問題用紙とは別になっています。

(二) 「解答始め」という指示で、すぐ受検番号をこの表紙と解答用紙の決められた欄に書きなさい。

(三) 問題は(1)ページから(9)ページまであります。(9)ページの次からは白紙になっています。受検番号を記入したあと、問題の各ページを確かめ、不備のある場合は手をあげて申し出なさい。

(四) 答えは全て解答用紙の決められた欄に書きなさい。

(五) 印刷の文字が不鮮明なときは、手をあげて質問してもよろしい。

(六) 「解答やめ」という指示で、書くことをやめ、解答用紙と問題用紙を別々にして机の上に置きなさい。

受検番号	第　　　　番

2022(R4) 愛知県公立高　B
教英出版

国語

一　次の文章を読んで、あとの㈠から㈤までの問いに答えなさい。

[1]　辞典の読者と辞典編集者とが行き違うことがあるとすれば、一番の理由は、おそらく、ことばの正しさについて、辞典読者が辞典編集者よりずっと楽天的だという点にあると思われます。

[2]　古典文学などに現れて以後まったく使われないようなことばでなく、現代社会の中で生きていることばであれば、今に至るまでに必ずなんらかの変化を受け、また今も変化し続けている――いささかでもことばを観察すれば、それは明らかです。その変化とは、もとの意味・用法からの逸脱です。それを「乱れ」と呼ぶのであれば、ことばはいつも乱れています。しかし、①ことばの正しさはいつの時点での姿をいうのでしょうか。今の日本語は乱れているから、奈良時代のことばに戻れ、とおっしゃる方はいません。現在から見て少し過去のあたりの日本語を「正しい」として、そこからの変化を乱れとして嘆かれるのです。

[3]　ことばが絶えず変わっていることを、辞典編集者は仕事柄忘れることができません。しかし、辞典を使う方は時折それに気づいては、不快に思ったり怒ったりされるのです。変化することこそ通常のあり方であることばについて、辞典が忠実であろうとすれば、現時点でおおぜいが使っていることばをそのままに記述し、〔　A　〕変化してきた経過について言及する、といった姿勢をとるほかにはありますまい。

[4]　辞典を使われる方が「正しい日本語を」と言われる内容は、「変化」「乱れ」を抑えようということのほかに、実は、もう一つあるようです。それは、ことばの意味はいつも「正確」「厳密」であるべきだ、とすることです。正しいことば（単語）は、いつどんな場面においても、きちんとその単語に対応した普遍かつ不変の意味領域をもつべきだ、とでもいうような信仰です。そのような深い信仰心をもつ方は、辞典に「正しい日本語」というよりは「厳密な定義」を要求されるのです。「辞典はことばを定義するもの」とおっしゃる方もいますが、それは違います。国語辞典はことばの意味を記述しますが、定義はしません。

[5]　老人とは厳密には何歳からをいうのか、未明は何時から何時までか、岩と石と砂、あるいは湖と沼と池とはどう定義されるのか。そこを厳密にしたからといって、日々の生活が特に変わることもないという問題が大半ですが、気になると、きちんとしないではいられなくなるもののようです。電話でいきなり「夜中に日付が変わる瞬間は、今日の内に入るのか、翌日か（十二時か零時か）」などと聞かれると、とっさに何のことかととまどうのですが、辞典編集部にこうした問い合わせは少なからずあります。徹底的に厳密にしたいのであれば、すべて定義づけたことばだけで、その定義が通用する閉じた世界の中で生きるほかないのですが、厳密屋さんはそうしたことが可能だと思っておられるようなのです。

[6]　定義というのはある特定の世界の中での約束のことです。このことばはこういう時にこういう意味で使うことにしましょうという取り決めにほかなりません。私たちは時としてその世界の中で会話することもありますが、いつもはもっと広いのびのびとしたところで、特別に約束をしたこともないことばを使って、感じたり考えたり表現したりしています。そのことばを、人工言語に対して自然言語ということもあります。一般の国語辞典はその自然言語の辞書なのです。一方、ことばを定義している辞書は専門分野の事典や用語集に見られます。先の「老人」について、普通の国語辞典は「年とった人。年寄り。」くらいしか書いてありませ

ん。何歳から、などという明確な取り決めは自然言語にはありません。それは、行政上の都合とか統計をとる便宜とかのために役所や法律が、例えば「老人福祉法」では六十五歳以上を老人とする、と決めただけのものであって、「老人」の意味ではありません。にもかかわらず、老人ということばの意味が曖昧だなどということはないのです。老人の語は、さまざまの場面でさまざまの対象（人）を指すことが可能ですが、その対象（人）をどう捉えようとしているか、それらに向けた視線の方向は共通で、多くの人々に共有されているのです。②対象を捉えようとして向けた視線、その向きがことばの意味というものであろうと思うのです。

7 「砂」は、『広辞苑《こうじえん》』によれば、「細かい岩石の粒の集合。主に各種鉱物の粒子から成る。通常、径二ミリメートル以下、十六分の一ミリメートル以上の粒子をいう。」とあります。岩石学ではこのように取り決めているのですが、それが「通常」かどうかは疑問です。そんな数字を知らなくても、物差しを持ち合わせていなくても、私たちは日常の場で即座に石か砂かを判別し、何の支障もなく会話することができます。投げるのは石、砂はまく。時として石にはつまずき、また砂をかむ思いもするでしょう。ことばが表す世界は思いのほか広くて、がちがちの定義では捉えきれないふくらみをもっているものです。

8 日常普通に使っている日本語なのに、ふと自信がもてなくなって、辞書で意味を確かめるということはあります。それに答えるのが辞書の仕事です。しかし、そこで辞書の記述が不満だとして、とたんに「正確」で「厳密」な定義の方向に向かってしまう方がおられるのが残念でなりません。「厳密」がことばとして正しいとは限らないのです。例えば、天気予報や新聞の報道では、「未明」を「午前零時から午前三時頃まで」と決めていますが、未明の語の本来の意味（まだ夜が明けきらない頃、明け方）に比してずいぶん早過ぎはしないでしょうか。厳密にいうためと称して、正しい意味を壊してしまってよいはずがありません。

（中略）

9 ことばについて、こうなくてはならぬという一つだけの正解がないと同時に、絶対的な間違いということも非常に少ないものです。ことばはそんなやわなものではない。ある制約がありながらも、その中で自由にできる余地のことを、「遊び」とか「はば」とかいうことがあります。ことばには「はば」があるのです。

（増井《ますい》元《はじめ》『辞書の仕事』岩波新書による）

（注）○ 1～9は段落符号である。
○ 逸脱＝それること。
○ 便宜＝都合のよいこと。
○ 『広辞苑《こうじえん》』＝国語辞典の一つ。

（一） ①ことばの正しさ について、筆者の考えを説明したものとして最も適当なものを、次のアからエまでの中から選んで、そのかな符号を書きなさい。

ア 社会の中で生きていることばは時代とともに必ず変化しているため、一つに限定された正しい意味というものはない。
イ いつの時代でもどんな場面でも、一つの単語に対応した不変で普遍的な意味領域をもつことがことばの正しさである。
ウ ことばの意味は時間とともにもとの意味から逸脱していくため、現時点で多くの人が用いていれば正しい意味となる。
エ 多くの人が使っていることばの意味から曖昧さを除き、厳密に定義しなければことばの正しさを保つことはできない。

(二)〔 A 〕にあてはまる最も適当なことばを、次のアからエまでの中から選んで、そのかな符号を書きなさい。

ア のちのち　イ ますます　ウ すらすら　エ せいぜい

(三) ②対象を捉えようとして向けた視線、その向きがことばの意味というものであろう とあるが、このように筆者が考える理由として最も適当なものを、次のアからエまでの中から選んで、そのかな符号を書きなさい。

ア ことばの意味とは特定の世界だけで通用する約束ではなく、どのような人が用いても変わらない厳密なものだと考えているから。

イ ことばの意味とは使い方を限定した取り決めではなく、広がりがあって多くの人に共有されている捉え方であると考えているから。

ウ ことばの意味とは曖昧なままで使用されるものではなく、使用される範囲は限定的で厳密なものであるべきだと考えているから。

エ ことばの意味とは長い時間を経ても変わらないものではなく、使われる時と場面によってそのつど意味が異なると考えているから。

(四) この文章中の波線部の説明として最も適当なものを、次のアからオまでの中から選んで、そのかな符号を書きなさい。

ア 第一段落の「楽天的」には、辞書の読者に対してことばの将来に明るい展望をもってほしいという期待が込められている。

イ 第三段落の「気づいては」には、たまにしかことばの変化や乱れに気づけない辞典の読者に対する残念な思いが込められている。

ウ 第四段落の「深い信仰心」には、ことばの意味を正確に記述する辞典に信頼を寄せてくれる読者への感謝が込められている。

エ 第五段落の「厳密屋さん」には、ことばの定義を徹底的に追究しようとしている人々の熱意に対する敬意が込められている。

オ 第八段落の「称して」には、厳密さを求めるためにことばの意味を限定する考え方に同意できない気持ちが込められている。

(五) 次の文章は、本文を読んだある生徒の感想をまとめたものであるが、文の順序が入れ替えてある。筋道が通る文章とするためにアからオまでを並べ替えるとき、二番目と四番目にくるものをそれぞれ選び、そのかな符号を書きなさい。

ア この経験から、一つのことばが表す世界の幅広さを理解しました。ですから、クラスで話し合って合意を形成する際には、まずそれぞれがテーマ（ことば）から考えた意味を出し合ってことばの「はば」を確認し、クラスとしてどう捉えるかを決めることが大切ではないでしょうか。方向性を定めて共有できれば、そこからさまざまなアイデアが生まれてくると思います。

イ 筆者は「ことばには『はば』がある」と述べていますが、私にも、まさにこのことばの「はば」というものを実感した経験があります。

ウ そこで私たちは、議論を深めるために「暮らしやすい」ということばの意味を限定し、共有することにしました。結局、私の考えた「お年寄りや子どもが安心して暮らせること」になりましたが、「はば」のあることばの意味を一つに限定して共有することで話し合いの方向性が定まり、さまざまな世代が交流できるイベントを考え、クラス全体に提案することができました。

エ　そのときグループの一人が、「そもそもみんなは『暮らしやすい』ということばをどういう意味で使っていますか」と聞いたのです。私は「お年寄りや子どもが安心して暮らせること」と答えましたが、「公共の交通手段が整備されていること」であったり、「いろいろなお店がそろっていて便利なこと」であったりと、それぞれ異なっていました。

オ　それは、ホームルームでグループに分かれ、「私たちの住む街を暮らしやすくするために何ができるのか」をテーマに意見を述べ合ったときのことです。グループの中でそれぞれの考えを出し合いましたが、そこから議論は深まりませんでした。

二　次の㈠、㈡の問いに答えなさい。

㈠　次の①、②の文中の傍線部について、漢字はその読みをひらがなで書き、カタカナは漢字で書きなさい。

①　街路樹の枝が自転車の通行を妨げている。

②　読まなくなった本を整理し、棚にシュウノウした。

㈡　次の③の文中の傍線部に用いる漢字を、あとの**ア**から**エ**までの中から選んで、そのかな符号を書きなさい。

③　窓には、通風やサイ光の役割がある。

ア　済　　**イ**　裁　　**ウ**　催　　**エ**　採

三　次の文章を読んで、あとの(一)から(六)までの問いに答えなさい。

1　一言でいえば、自分という弱くて小さな存在を、世界という途方もなく大きいものにしなやかにつなぐ方法を探すのが、この本の目的である。そもそも本来はすべてのテクノロジーが、世界と自分をつなぐためにスタートしたはずである。リスボン大地震（一七五五年）以降の近代テクノロジーは、その目標達成のために、①「大きなシステム」を組み上げようとした。リスボン大地震で自分の弱さをつきつけられた人間は、「強く合理的で、大きなもの」に頼ろうとした。（中略）空間の世界でいえば、超高層建築や巨大なハコモノ建築に代表される「大きな建築」を媒介にして、ちっぽけな人間と、壮大な世界との間をつなごうとしたわけである。一度、大きさに向かって舵《かじ》が切られたら、止まらなくなってしまったのである。

2　二十世紀前半の世界は、システムを大きくすることに血眼になっていた。しかし、二十世紀後半以降、「大きなシステム」「大きな建築」が人間を少しも幸せにしないということに、人々は少しずつ気づきはじめた。「大きなシステム」「大きな建築」は、人間を世界とつなぐどころか、むしろ人間と世界の間に割って入って、人間と世界とを切断し、人間をそのシステムの中に閉じ込めるということに、人々は気づきはじめたのである。（中略）

3　空間において、「小さな機械＝小さな建築」は、どんな形で、世界と人間を接続するのだろう。そのとき、まず②「小ささ」とは何かを考えなくてはいけない。「大きな建築」をただ縮小しても「小さな建築」にはならない。百メートルの高さのコンクリートでできた超高層建築を、十メートルに縮めたからといって、ここで見つけようとしている「小さな建築」とは呼べない。「小さな建築」とは僕らにとって、さまざまな意味で身近でとっつきやすく、気楽な存在でなければならない。そんな小さな、いいヤツ、かわいいヤツを探すときにまず考えなくてはいけないのは、自分が一人で取り扱うことのできる「小さな単位」を見つけることである。「小さな建築」とは、実は「小さな単位」のことなのである。全体の小ささではなく、単位の小ささである。単位が大きすぎたり、重すぎたりしたならば、小さい自分の非力な手には負えない。（中略）

4　建築史においても、そのような適切な単位サイズを探すことは、中心的テーマであった。特に手作業が中心で、機械を用いることが少なかった十九世紀以前の建築工事において、人間の身体がハンドルしやすいサイズの追求は、最も切実なテーマであった。大きすぎず、小さすぎずというサイズを求めた結果、レンガという、一人で、〔 A 〕片手で扱える普遍性の高い建築材料が、普及した。いわばレンガは十九世紀以前の西欧建築というシステムを根本で支えるＯＳであった。二十世紀にコンクリートと鉄という強力なＯＳが登場するまで、レンガの人気は絶大で、中国でも数多くのレンガ建築が作られた。レンガは洋の東西を超えた、開かれたＯＳだったのである。確かにレンガは身体がハンドルしやすい大きさ、重さであった。しかし、自由に重さを変えることができるレンガがあったらどんなに便利だろうか。ある日、道路工事の現場のポリタンクを見ていて、突然にひらめいた。このポリタンクに、水を出し入れして重さを調整するのである。まさに「重さの変わるレンガ」であった。水を抜いた軽い状態で工事現場に運びこみ、現場に設置してから水を入れて重くし、風でも飛ばないバリケードができ上がるのである。用が済んだら、水を抜いてしまえばいい。水が自由に道にばらまけるというのが、この工事用ポリタンクの賢いところである。その一瞬、工事用ポリタンクと同じ原理を用いて、「水のレンガ」で建築を作ろうと思い立った。まず、空のレンガを積んで壁を組み上げ、組み上げが終わったとき

3 次の(1)から(3)までの問いに答えなさい。
ただし，答えは根号をつけたままでよい。

(1) 図で，四角形ＡＢＣＤは長方形，五角形ＥＦＧＨＩは正五角形であり，点Ｅ，Ｇはそれぞれ辺ＡＤ，ＢＣ上にある。
∠ＤＥＩ＝21° のとき，∠ＦＧＢの大きさは何度か，求めなさい。

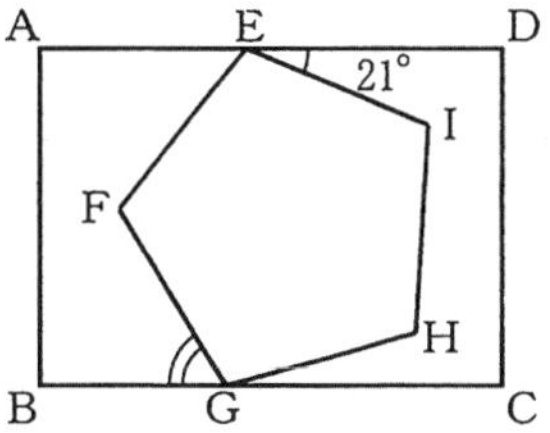

(2) 図で，立体ＡＢＣＤＥＦＧＨは立方体，Ｉは辺ＡＢ上の点で，ＡＩ：ＩＢ＝２：１であり，Ｊは辺ＣＧの中点である。
ＡＢ＝６cmのとき，次の①，②の問いに答えなさい。
① 線分ＩＪの長さは何cmか，求めなさい。
② 立体ＪＩＢＦＥの体積は何cm^{3}か，求めなさい。

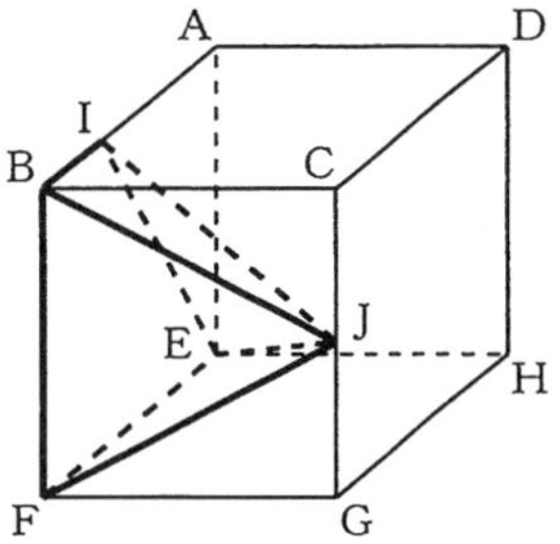

(3) 図で，Ｃ，Ｄは線分ＡＢを直径とする円Ｏの周上の点であり，Ｅは直線ＡＢとＤＣとの交点で，ＤＣ＝ＣＥ，ＡＯ＝ＢＥである。
円Ｏの半径が４cmのとき，次の①，②の問いに答えなさい。
① △ＣＢＥの面積は，四角形ＡＢＣＤの面積の何倍か，求めなさい。
② 線分ＡＤの長さは何cmか，求めなさい。

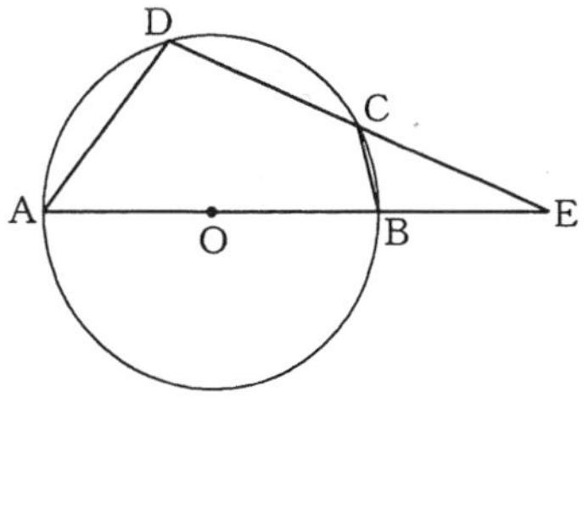

（問題はこれで終わりです。）

(3)　図は，荷物A，Bが矢印の方向にベルトコンベア上を，毎秒20 cmの速さで荷物検査機に向かって進んでいるところを，真上から見たものである。荷物検査機と荷物A，Bを真上から見た形は長方形で，荷物検査機の長さは100 cmである。

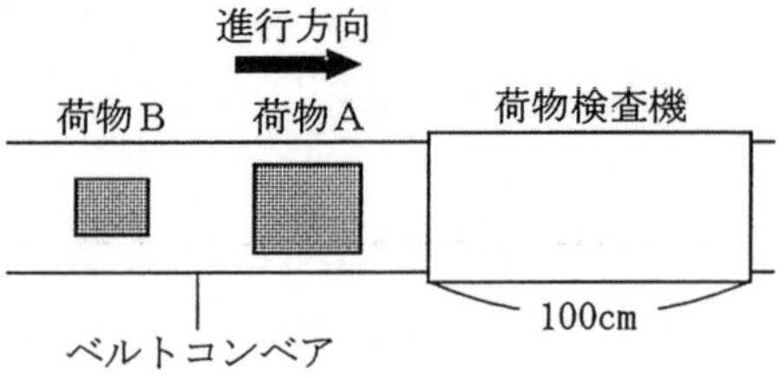

荷物Aが荷物検査機に入り始めてから x cm 進んだときの，真上から見て荷物検査機に入って見えない荷物A，Bの面積の合計を y cm^2 とする。下の図は，荷物Aが荷物検査機に入り始めてから，荷物Bが完全に荷物検査機に入るまでの x と y の関係をグラフに表したものである。

このとき，次の①，②の問いに答えなさい。

① 荷物Bが荷物検査機に完全に入ってから，荷物Bが完全に荷物検査機を出るまでの x と y の関係を表すグラフを，解答用紙の図に書き入れなさい。

② 荷物検査機は，荷物が完全に荷物検査機に入っているときに，荷物の中身を検査できる。荷物Bの中身を検査できる時間は何秒間か，求めなさい。

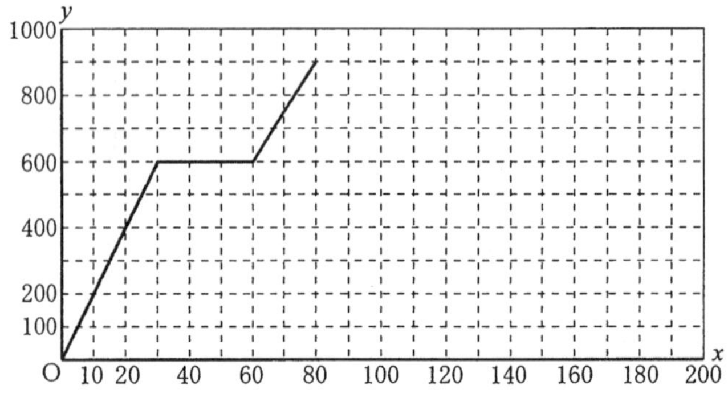

社　会

1　次のⅠ，Ⅱ，Ⅲの資料には，歴史上の人物の絵や写真と，その人物が行ったことが示されている。あとの(1)から(3)までの問いに答えなさい。

Ⅰ

この人物は，アメリカ合衆国の大統領で，（　①　）中に奴隷解放宣言を出した。

Ⅱ

この人物は，国号を「元」と改め，（　②　）を滅ぼし，中国全土を支配した。

Ⅲ

この人物は，（　③　）の方針を批判して，ドイツで宗教改革を始めた。

(1)　Ⅰ，Ⅱ，Ⅲの資料中の（　①　），（　②　），（　③　）にあてはまることばの組み合わせとして最も適当なものを，次の**ア**から**ク**までの中から選んで，そのかな符号を書きなさい。

ア	①	南北戦争	②	宋（南宋）	③	ムハンマド
イ	①	南北戦争	②	宋（南宋）	③	ローマ教皇
ウ	①	南北戦争	②	明	③	ムハンマド
エ	①	南北戦争	②	明	③	ローマ教皇
オ	①	独立戦争	②	宋（南宋）	③	ムハンマド
カ	①	独立戦争	②	宋（南宋）	③	ローマ教皇
キ	①	独立戦争	②	明	③	ムハンマド
ク	①	独立戦争	②	明	③	ローマ教皇

(2)　Ⅱの資料で示されたできごとが起こった年代とほぼ同じ時期の日本のようすについて述べた文として最も適当なものを，次の**ア**から**エ**までの中から選んで，そのかな符号を書きなさい。

ア　山城国（現在の京都府南部）では，武士や農民らが団結して守護大名を追い出し，8年間にわたって自治を行った。

イ　町や村には多くの寺子屋が開かれ，読み・書き・そろばんなどの実用的な知識や技能を身につけた民衆が増えた。

ウ　幕府や荘園領主に反抗する悪党と呼ばれる者が現れたが，幕府は有効な対策をとることができず，幕府の力は次第に衰えていった。

エ　ものさしやますを統一して行われた太閤検地や，農民や寺社から武器を取り上げる刀狩が行われ，武士と農民の身分の区別が明確になった。

(3)　Ⅰ，Ⅱ，Ⅲの資料で示されたできごとを年代の古い順に並べたものとして最も適当なものを，次の**ア**から**カ**までの中から選んで，そのかな符号を書きなさい。

ア　Ⅰ → Ⅱ → Ⅲ	**イ**　Ⅰ → Ⅲ → Ⅱ	**ウ**　Ⅱ → Ⅰ → Ⅲ
エ　Ⅱ → Ⅲ → Ⅰ	**オ**　Ⅲ → Ⅰ → Ⅱ	**カ**　Ⅲ → Ⅱ → Ⅰ

2 次のⅠ，Ⅱ，Ⅲ，Ⅳ，Ⅴの資料は，生徒が日本社会についての発表を行うために用意したものの一部である。あとの(1)から(4)までの問いに答えなさい。

Ⅰ

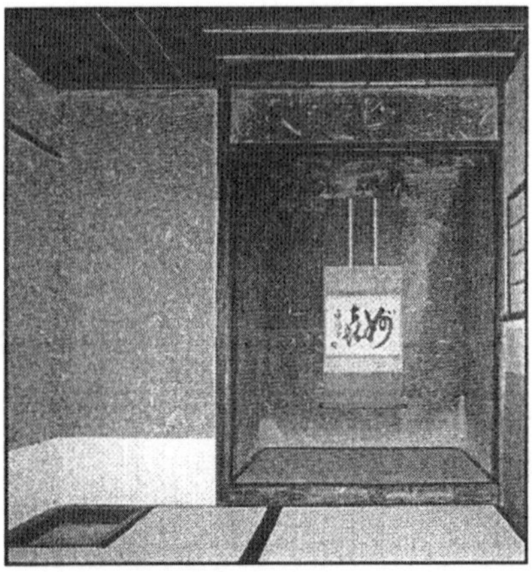

Ⅱ

Ⅲ

Ⅳ

Ⅴ

(1) Ⅰの写真は，千利休《せんのりきゅう》がつくったと伝えられる茶室を示している。次のA，B，Cの日本のできごとのうち，千利休がわび茶の作法を完成させた時期よりも前のできごとを選び，それらを年代の古い順に並べたものとして最も適当なものを，下のアからシまでの中から選んで，そのかな符号を書きなさい。

A	足利義政《あしかがよしまさ》によって，書院造の部屋である東求堂同仁斎がつくられた。
B	幕府の命令によって，オランダ人が長崎の出島に集められ，商館がつくられた。
C	奥州藤原《ふじわら》氏によって，金をふんだんに用いた中尊寺金色堂がつくられた。

ア A → B　　イ A → C　　ウ B → A
エ B → C　　オ C → A　　カ C → B
キ A → B → C　　ク A → C → B　　ケ B → A → C
コ B → C → A　　サ C → A → B　　シ C → B → A

(2) 次の文章は，生徒がⅡの絵について発表した際のメモの一部である。文章中の（　①　），[　②　] にあてはまることばと文の組み合わせとして最も適当なものを，下の**ア**から**カ**までの中から選んで，そのかな符号を書きなさい。

なお，文章中の２か所の（　①　）には同じことばがあてはまる。

この絵は，江戸時代に踊りから演劇としての形を整えて発達した（　①　）を楽しむ江戸の人々を描いたものです。こののちも，（　①　）は江戸幕府の取り締まりもありましたが，人気を保ちました。[　②　] 明治時代にも流行し，現代に至るまでわが国の伝統的な芸能として親しまれています。

ア　①　歌舞伎
　　②　テレビや洗濯機などの家庭電化製品が普及し，休日に余暇を楽しむ余裕が生まれた
イ　①　歌舞伎
　　②　ラジオ放送が始まり，歌謡曲や野球中継などが人気を集めた
ウ　①　歌舞伎
　　②　中江《なかえ》兆民《ちようみん》らが新聞や雑誌を通して，欧米の近代思想を社会に広めていった
エ　①　浄瑠璃
　　②　テレビや洗濯機などの家庭電化製品が普及し，休日に余暇を楽しむ余裕が生まれた
オ　①　浄瑠璃
　　②　ラジオ放送が始まり，歌謡曲や野球中継などが人気を集めた
カ　①　浄瑠璃
　　②　中江兆民らが新聞や雑誌を通して，欧米の近代思想を社会に広めていった

(3) 次の文章は，生徒がⅢの写真を用いて1930年代後半から1940年代半ばまでの戦時体制について発表した際のメモの一部である。文章中の [　　　] にあてはまることばを，下の語群のことばを全て用いて，15字以上20字以下で書きなさい。

1938年，近衛《このえ》文麿《ふみまろ》内閣の下で国家総動員法が制定されました。この法律によって，政府は戦争のために，[　　　] ことができるようになりました。

【語群】

動員	議会	労働力や物資

(4) 次の文章は，生徒がⅣの写真とⅤのポスターを用いて戦後の日本の改革について説明したものである。文章中の（　③　），（　④　），（　⑤　）にあてはまることばの組み合わせとして最も適当なものを，下の**ア**から**エ**までの中から選んで，そのかな符号を書きなさい。

Ⅳの写真は1947年ごろの小学校のようすを撮影したものです。（　③　）が制定され，小学校６年，中学校３年の９年間の義務教育が始まりました。 また，Ⅴのポスターは農地改革を示したものです。農地改革は地主が持つ土地を（　④　）に解放する政策で，これによって（　⑤　）が大幅に増加することになりました。

ア　③　教育基本法　　④　小作人　　⑤　自作農
イ　③　教育基本法　　④　自作農　　⑤　小作人
ウ　③　教育勅語　　④　小作人　　⑤　自作農
エ　③　教育勅語　　④　自作農　　⑤　小作人

3 次のⅠの表は，日本の都道府県の中で面積が大きい５道県と面積が小さい５都府県の面積，島の数，都道府県庁所在地の１月の日照時間および2008年，2013年，2018年の海面漁業の漁業従事者数を示したものである。また，Ⅱの表は，４道県の水稲の作付面積，製造品出荷額等，第３次産業就業者の割合を示したものである。あとの(1)から(3)までの問いに答えなさい。

なお，Ⅰの表中のA，B，C，D，Eは，大阪府，香川県，長野県，新潟県，福島県のいずれかであり，Ⅱの表中のａ，ｂ，ｃ，ｄは，岩手県，沖縄県，神奈川県，北海道のいずれかである。

Ⅰ　面積が大きい５道県と面積が小さい５都府県の面積等

都道府県名	面積（km²）	島の数	都道府県庁所在地の１月の日照時間（時間）	海面漁業の漁業従事者数（人）		
				2008年	2013年	2018年
北海道	83 424	508	92.5	33 568	29 652	24 378
岩手県	15 275	286	116.9	9 948	6 289	6 327
A	13 784	13	132.0	1 743	343	1 080
B	13 562	—	127.2	—	—	—
C	12 584	92	58.2	3 211	2 579	1 954
神奈川県	2 416	27	186.4	2 496	2 273	1 848
沖縄県	2 281	363	94.2	3 929	3 731	3 686
東京都	2 194	330	184.5	1 243	972	896
D	1 905	—	142.6	1 089	1 036	870
E	1 877	112	141.2	3 218	2 484	1 913

（注１）島の数は，周囲が0.1km以上のものとし，埋め立て地は除いている。
（注２）表中の「—」は全くない，もしくはデータがないことを示している。
（注３）「海面漁業」とは，海で行われる漁業のことである。

（「理科年表　2021」などをもとに作成）

Ⅱ　４道県の水稲の作付面積等

道県名	水稲の作付面積（千ha）	製造品出荷額等（十億円）	第３次産業就業者の割合（%）
a	103	6 131	76.5
b	51	2 526	63.8
c	3	17 956	78.1
d	1	480	80.7

（「データブック　オブ・ザ・ワールド　2021年版」をもとに作成）

令和４年学力検査

全　日　制　課　程　B

第４時限問題

理　　　科

検査時間　13時15分から14時00分まで

「解答始め」という指示があるまで，次の注意をよく読みなさい。

注　　意

(1) 解答用紙は，この問題用紙とは別になっています。

(2) 「解答始め」という指示で，すぐ受検番号をこの表紙と解答用紙の決められた欄に書きなさい。

(3) 問題は(1)ページから(10)ページまであります。表紙の裏と(10)ページの次からは白紙になっています。受検番号を記入したあと，問題の各ページを確かめ，不備のある場合は手をあげて申し出なさい。

(4) 白紙のページは，計算などに使ってもよろしい。

(5) 答えは全て解答用紙の決められた欄に書きなさい。

(6) 印刷の文字が不鮮明なときは，手をあげて質問してもよろしい。

(7) 「解答やめ」という指示で，書くことをやめ，解答用紙と問題用紙を別々にして机の上に置きなさい。

受検番号	第　　　　　　　番

理　　　科

1 次の(1)，(2)の問いに答えなさい。

(1) 地下のごく浅い場所で発生したある地震を地点A，Bで観測した。**表**は，震源から地点A，Bまでの距離をそれぞれ示したものである。

この地震では，地点Aにおける初期微動継続時間が10秒であり，地点Bでは午前９時23分33秒に初期微動がはじまった。地点Bで主要動がはじまる時刻は午前何時何分何秒か，求めなさい。

ただし，地点A，Bは同じ水平面上にあり，P波とS波は一定の速さで伝わるものとする。

表

地点	震源からの距離
A	80km
B	144km

(2) **図**のように，垂直な壁に固定されている表面が平らな鏡がある。鏡の正面の位置Aにまっすぐに立ち，自分の姿を鏡にうつしたところ，鏡にうつって見えた範囲はひざから上のみであった。次の文章は，鏡の真下の点Oと位置Aの中点である位置Bにまっすぐに立ったときに，鏡にうつって見える範囲について説明したものである。文章中の（　Ⅰ　）には下の**ア**から**ウ**までの中から，（　Ⅱ　）には下の**エ**から**カ**までの中から，それぞれ最も適当なものを選んで，そのかな符号を書きなさい。

図

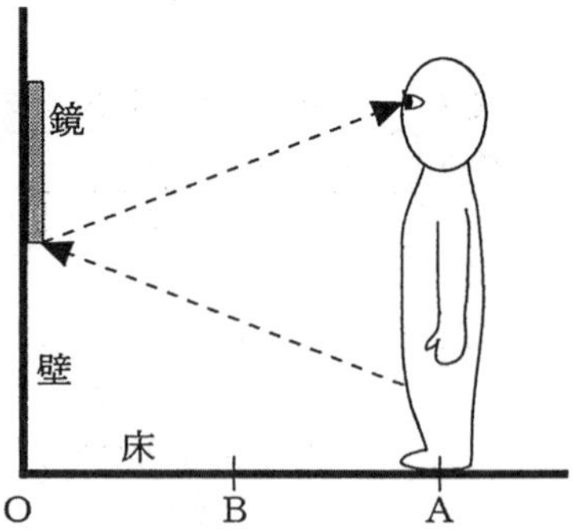

位置Aから位置Bまで鏡に近づき，鏡の正面にまっすぐに立ったとき，鏡にうつって見える範囲は位置Aに立ったときと比べて（　Ⅰ　）。この理由は，（　Ⅱ　）からである。

ア　広くなり，ひざの下まで見える
イ　狭くなり，ひざが見えなくなる
ウ　変わらず，ひざまで見える
エ　鏡に近づいたときも，光の反射角は入射角と等しい
オ　鏡に近づくと，鏡にうつる虚像が大きくなる
カ　鏡に近づくと，屈折により小さく見える

2 植物の光合成と呼吸について調べるため，次の〔実験１〕と〔実験２〕を行った。

〔実験１〕 ① ふ入りの葉をもつアサガオを，暗所に１日置いた。

② その後，**図１**のように，ふ入りの葉の一部分を紙とアルミニウムはくでおおい，光を十分に当てた。

③ ②の葉から紙とアルミニウムはくを外し，葉を温めたエタノールに浸した後，水洗いした。

④ ③の葉をヨウ素液に浸して，**図２**のＡからＦまでの葉の部分の色の変化を観察した。

なお，〔実験１〕で用いた紙は光をある程度通すが，アルミニウムはくは光を通さない。

図１

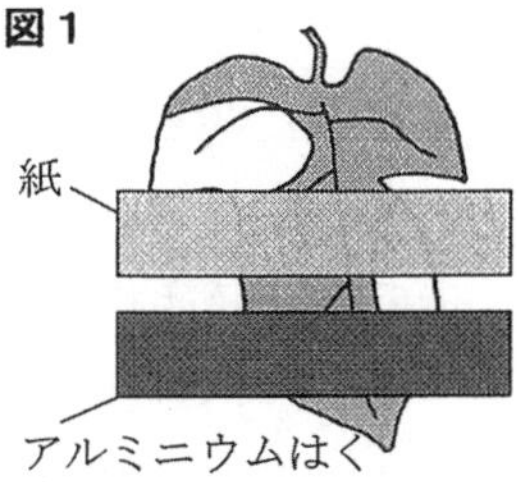

図２

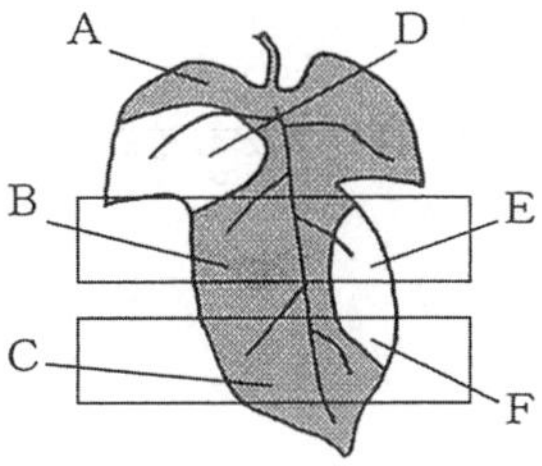

Ａ：緑色の部分
Ｂ：緑色の部分，紙あり
Ｃ：緑色の部分，アルミニウムはくあり
Ｄ：緑色ではない部分
Ｅ：緑色ではない部分，紙あり
Ｆ：緑色ではない部分，アルミニウムはくあり

表１は，〔実験１〕の結果をまとめたものである。

表１

部分	A	B	C	D	E	F
色	青紫色	うすい青紫色	変化なし	変化なし	変化なし	変化なし

〔実験２〕 ① ビーカーに入れた青色のＢＴＢ溶液に息を吹きこんで，溶液の色が緑色になるように調整した。

② ６本の試験管**Ⅰ**から**Ⅵ**までを用意し，①の緑色の溶液で満たした。

③ **図３**のように，試験管**Ⅰ**，**Ⅱ**，**Ⅲ**には葉の数と大きさ，茎の長さと太さをそろえたオオカナダモを入れ，試験管**Ⅳ**，**Ⅴ**，**Ⅵ**にはオオカナダモを入れずに，６本の試験管の口に栓をした。

図３

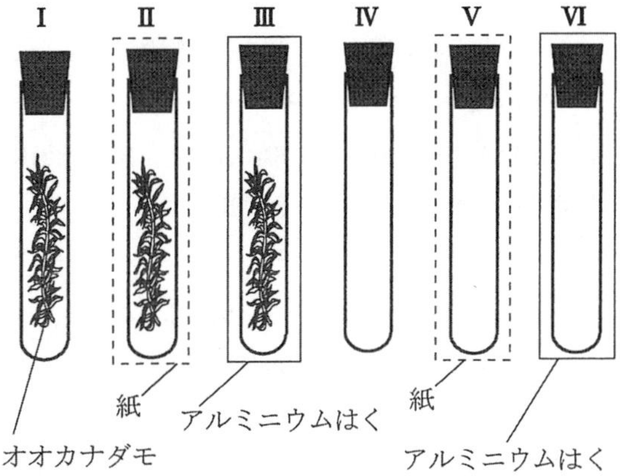

④ 〔実験１〕で用いた紙とアルミニウムはくを用意し，試験管**Ⅱ**，**Ⅴ**は紙で，試験管**Ⅲ**，**Ⅵ**はアルミニウムはくで包んだ。

⑤ ６本の試験管を温度が同じになるようにして，十分な光の当たる場所に一定の時間置いた後，試験管内の溶液の色を調べた。

表２は，〔実験２〕の結果をまとめたものである。

表２

試験管	Ⅰ	Ⅱ	Ⅲ	Ⅳ	Ⅴ	Ⅵ
溶液の色	青色	緑色	黄色	緑色	緑色	緑色

次の(1)から(4)までの問いに答えなさい。

(1) アサガオは双子葉類である。**図4**は，双子葉類の茎の断面を模式的に示したものである。光合成によってつくられたデンプンは水に溶けやすい物質になって植物の体の各部に運ばれるが，この物質を運ぶ管があるのは**図4**のGとHのどちらの部分か。また，その管の名称を漢字２字で答えなさい。

図4

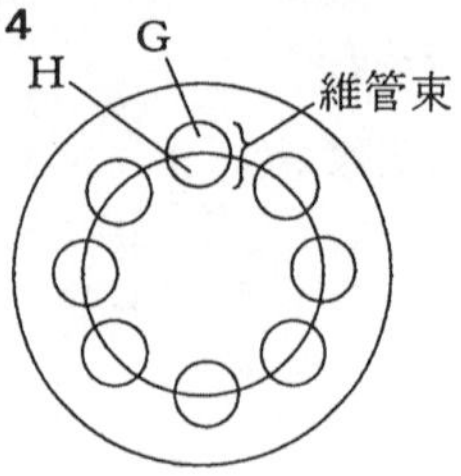

(2) 〔実験１〕の①で，アサガオを暗所に置いた理由として最も適当なものを，次の**ア**から**ウ**までの中から，また，③でエタノールに浸す理由として最も適当なものを，次の**エ**から**カ**までの中からそれぞれ選んで，そのかな符号を書きなさい。

ア　葉の中のデンプンをなくすため。
イ　葉の呼吸のはたらきを止めるため。
ウ　葉からの蒸散を止めるため。
エ　葉の色をより濃い緑色にして，色の変化を見やすくするため。
オ　葉を脱色して，色の変化を見やすくするため。
カ　葉の細胞内での化学変化を活発にして，色の変化を見やすくするため。

(3) 次の文章は，〔実験１〕の結果からわかることについて説明したものである。文章中の（　i　）と（　ii　）にあてはまるものの組み合わせとして最も適当なものを，下の**ア**から**カ**までの中から選んで，そのかな符号を書きなさい。

> **図2**の葉のAの部分と（　i　）の部分の実験結果の比較から，光合成に光が必要であることがわかる。また，葉のAの部分と（　ii　）の部分の実験結果の比較から，光合成が葉緑体のある部分で行われることがわかる。

ア　i　C，　ii　D　　**イ**　i　C，　ii　F　　**ウ**　i　D，　ii　C
エ　i　D，　ii　F　　**オ**　i　F，　ii　C　　**カ**　i　F，　ii　D

(4) **図5**は，自然界において，植物，肉食動物，草食動物が光合成や呼吸によって気体Xと気体Yを取り入れたり，出したりするようすを模式的に示したものである。

なお，気体Xと気体Yは，酸素と二酸化炭素のいずれかであり，矢印（➡）は気体Xの出入りを，矢印（⇨）は気体Yの出入りを表している。

図5

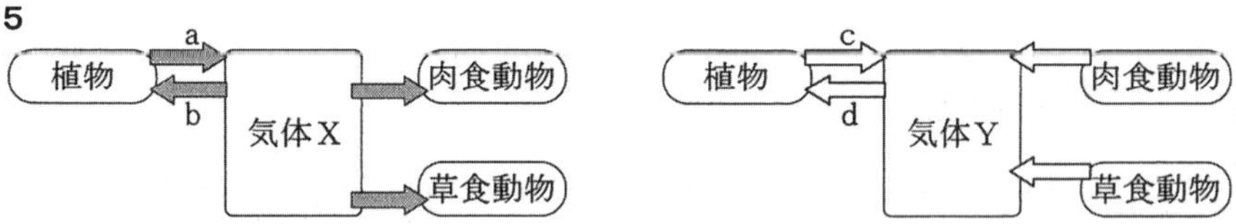

〔実験２〕の試験管IIとIIIで，オオカナダモが行った気体Xと気体Yの出入りは，**図5**のaからdまでの矢印のどれにあたるか。それぞれの試験管について，あてはまるものの組み合わせとして最も適当なものを，次の**ア**から**ケ**までの中から選んで，そのかな符号を書きなさい。

	ア	イ	ウ	エ	オ	カ	キ	ク	ケ
II	a，b，c，d	a，b，c，d	a，b，c，d	a，b	a，b	a，b	b，c	b，c	b，c
III	a，b，c，d	a，b	b，c	a，b，c，d	a，b	b，c	a，b，c，d	a，b	b，c

3 炭酸水素ナトリウムと酸化銀を加熱したときの変化を調べるため，次の〔実験１〕から〔実験３〕までを行った。

〔実験１〕 ① 少量の炭酸水素ナトリウムを試験管Ａに入れて，**図１**のような装置をつくり，ガスバーナーで十分に加熱した。

② ガラス管の口から出てくる気体を試験管Ｂに集めた。

③ 気体が発生しなくなってから，ガラス管を水から取り出し，ガスバーナーの火を止めた。

図１

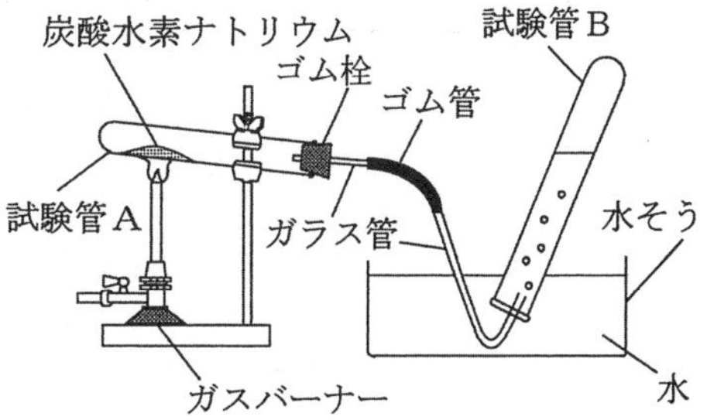

④ 試験管Ａが冷えてからゴム栓を外し，試験管Ａの口の付近にできた液体に，青色の塩化コバルト紙をつけ，色の変化を観察した。

⑤ 試験管Ａ内に残った物質を水に溶かし，フェノールフタレイン溶液を数滴加えて，色の変化を観察した。

〔実験２〕 ① 酸化銀1.00ｇを試験管Ｃに入れて，**図２**のような装置をつくり，ガスバーナーで十分に加熱した。

② ガラス管の口から出てくる気体を試験管Ｄに集めた。

③ 気体が発生しなくなってから，ガラス管を水から取り出し，ガスバーナーの火を止めた。

図２

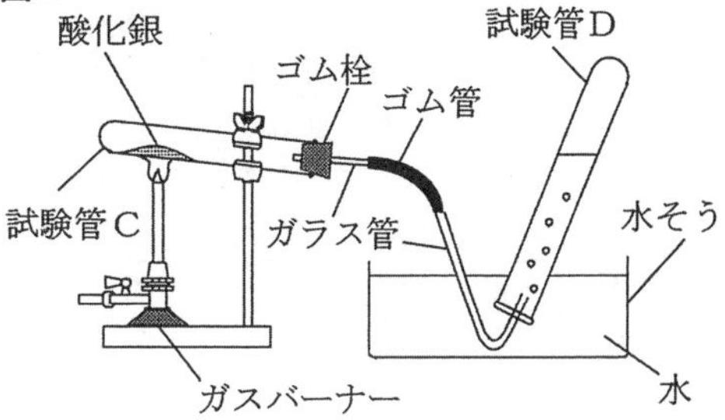

④ 試験管Ｃが冷えてからゴム栓を外し，試験管Ｃの中にある固体の物質の質量を測定した。

⑤ 次に，酸化銀の質量を3.00ｇ，5.00ｇに変えて，①から④までと同じことを行った。

表は，〔実験２〕の結果をまとめたものである。

表

酸化銀の質量〔ｇ〕	1.00	3.00	5.00
反応後の試験管Ｃの中にある固体の物質の質量〔ｇ〕	0.93	2.79	4.65

〔実験３〕 ① 試験管Ｃを，酸化銀6.00ｇの入った試験管Ｅにかえて，**図２**のような装置をつくり，ガスバーナーで加熱した。

② 気体が発生している最中に，ガラス管を水から取り出し，ガスバーナーの火を止めた。

③ 試験管Ｅが冷えてから，試験管Ｅの中にある固体の物質の質量を測定した。

令和４年学力検査

全　日　制　課　程　B

第 5 時 限 問 題

外 国 語（英 語）聞き取り検査

検査時間　14時25分から10分間程度

聞き取り検査は全て放送機器を使って行います。指示があるまで，次の注意をよく読みなさい。

注　　　意

(1) 解答用紙は，この問題用紙とは別になっています。

(2) 「始め」という指示で，すぐ受検番号をこの表紙と解答用紙の決められた欄に書きなさい。

(3) 「始め」という指示があってから，聞き取り検査が始まるまで，１分あります。(1)ページの「答え方」をよく読みなさい。

(4) 受検番号を記入したあと，各ページを確かめ，不備のある場合は手をあげて申し出なさい。

(5) 答えは全て解答用紙の決められた欄に書きなさい。

(6) 印刷の文字が不鮮明なときは，手をあげて質問してもよろしい。

(7) 「やめ」という指示で，書くことをやめ，解答用紙と問題用紙を別々にして机の上に置きなさい。

受検番号	第　　　　　　番

外国語（英語）聞き取り検査

※教英出版注
音声は，解答集の書籍ＩＤ番号を
教英出版ウェブサイトで入力して
聴くことができます。

指示に従って，聞き取り検査の問題に答えなさい。

「答え方」

問題は第１問と第２問の二つに分かれています。

第１問は，１番から３番までの三つあります。それぞれについて，最初に対話を聞き，続いて，対話についての問いと，問いに対する答え，a，b，c，d を聞きます。そのあと，もう一度，その対話，問い，問いに対する答えを聞きます。必要があればメモをとってもよろしい。

問いの答えとして正しいものは解答欄の「正《せい》」の文字を，誤っているものは解答欄の「誤《ご》」の文字を，それぞれ○《まる》でかこみなさい。正しいものは，各問いについて一つしかありません。

第２問では，最初に，英語のスピーチを聞きます。続いて，スピーチについての問いと，問いに対する答え，a，b，c，d を聞きます。問いは問１と問２の二つあります。そのあと，もう一度，スピーチ，問い，問いに対する答えを聞きます。必要があればメモをとってもよろしい。

問いの答えとして正しいものは解答欄の「正《せい》」の文字を，誤っているものは解答欄の「誤《ご》」の文字を，それぞれ○《まる》でかこみなさい。正しいものは，各問いについて一つしかありません。

令和４年学力検査

全　日　制　課　程　B

第５時限問題

外国語（英語）筆記検査

検査時間　14時50分から15時30分まで

「解答始め」という指示があるまで，次の注意をよく読みなさい。

注　　意

(1) 解答用紙は，この問題用紙とは別になっています。

(2) 「解答始め」という指示で，すぐ受検番号をこの表紙と解答用紙の決められた欄に書きなさい。

(3) 問題は(1)ページから(5)ページまであります。表紙の裏と(5)ページの次は白紙になっています。受検番号を記入したあと，問題の各ページを確かめ，不備のある場合は手をあげて申し出なさい。

(4) 答えは全て解答用紙の決められた欄に書きなさい。

(5) 印刷の文字が不鮮明なときは，手をあげて質問してもよろしい。

(6) 「解答やめ」という指示で，書くことをやめ，解答用紙と問題用紙を別々にして机の上に置きなさい。

受検番号	第　　　　　番

外国語（英語）筆記検査

1　次のイラストを見て，あとの問いに答えなさい。

対話文（A: 外国人の同級生，B:あなた）

A: What are you doing?

B: I [①] .

A: Why?

B: Because [②] . I'll go back to Japan tomorrow.

A: Oh, really? I feel so sad, but I hope to see you again.

（問い）　２週間の海外研修の最終日に，あなたはこれまで使用していた机を掃除しています。そこに，親しくなった外国人の同級生がやって来て，あなたに話しかけてきました。**対話文**の [①] と [②] に，それぞれ4語以上の英語を書き，対話を完成させなさい。

ただし，[①] には desk（机），[②] には last（最後の）を必ず使うこと。

なお，下の語を参考にしてもよい。

＜語＞

掃除する，きれいな　clean　　使う，使用　use

2　恵子（Keiko）と留学生のレオン（Leon）が話しています。二人の対話が成り立つように，下線部①から③までのそれぞれの（　　）内に最も適当な語を入れて，英文を完成させなさい。ただし，（　　）内に示されている文字で始まる語を解答すること。

Keiko: Hi, Leon. How are you enjoying your new life in Nagoya?

Leon: Hi, Keiko. It's great. I traveled a lot. ① It's not (d　　　) to travel (b　　　) train. I can find some train stations near my host family's house, so it's convenient.

Keiko: I see your point. How about your school life?

Leon: It's exciting because I have new classmates. ② They often (h　　　) me (l　　　) Japanese. Thanks to them, I understand many Japanese words and enjoy my life here.

Keiko: Sounds good. What do you think about our school uniform?

Leon: I like it and I think school uniforms save time. ③ We don't (h　　　) to (c　　　) clothes every morning!

3　次の文章を読んで，あとの(1)から(5)までの問いに答えなさい。

The world is a very wonderful and interesting place that is full of nature. Plants and animals have important parts in the ecosystem. Even small insects have their own roles. Do you know that over 60% of all the known species on the earth are insects? That's true.

Many studies are (A) and scientists are getting worried about the results. According to a study in Germany, over 75% of flying insects have decreased. There are many reasons, such as air pollution, water pollution, ground pollution, a lot of chemicals to save plants, and so on.

Some insects are bad for us because they eat a lot of fruits and vegetables. However, others are useful for us. Actually, they pollinate most of the plants on the earth. If the number of insects decreases, the number of plants will decrease, too. Also, many of these insects are food for birds and other animals. What will these birds and animals do without food? They cannot survive. Insects are small, [①].

How can this problem be solved? Some people are working to solve this problem. ②They say that this problem can be solved【 understand / insects / of / the importance / people / when 】. Insects are necessary for humans. One example is a department store in Osaka, Japan. In 2020, it started to raise about 50,000 bees on top of the building. The bees search for flowers around the department store and collect pollen from flowers. The bees move from flower to flower when they collect pollen. This helps pollination. Thanks to the bees, some of the local plants can grow, and bees can make honey in their hives. The department store shows the customers the bees and sells the honey. Their goal is to tell the local people about the importance of bees and the environment.

We have another good example. At a high school in a big city, students are also taking care of bees because they want to share the importance of bees with other people. The students learned the important relationships of human beings and nature. They made picture books. So children can learn the relationships from the books. More and more people are starting to understand the serious problem and scientists are working together to take action. Insects are useful for us. What can we do? We can learn from other examples, raise more insects, and increase plants. Now, let's continue helping each other to protect the environment!

(注)　earth　地球　　pollution　汚染　　pollinate ～　～に授粉する　　raise ～　～を育てる
bee　ミツバチ　　pollen　花粉　　pollination　授粉　　honey　はちみつ
hive　ミツバチの巣

attend a charity event on the internet.

Mary: Why don't you change your plans and help me with my homework?

Brian: Sure. I'll attend the charity event next week.

Question: What is true about this dialog?

a Brian went shopping with his aunt yesterday.

b Brian will have a science test tomorrow.

c Brian will change his plan for tomorrow.

d Brian had many things to do yesterday.

それでは，もう一度聞きます。（対話，問い，問いに対する答えを繰り返す。）

第２問。

第２問では，最初に，英語のスピーチを聞きます。続いて，スピーチについての問いと，問いに対する答え，a，b，c，d を聞きます。問いは問１と問２の二つあります。そのあと，もう一度，スピーチ，問い，問いに対する答えを聞きます。必要があればメモをとってもよろしい。

問いの答えとして正しいものは解答欄の「正《せい》」の文字を，誤っているものは解答欄の「誤《ご》」の文字を，それぞれ○《まる》でかこみなさい。正しいものは，各問いについて一つしかありません。それでは，聞きます。

（第２問）

Hello, I'm Kate. Last spring, I went camping with my family. I enjoyed walking in forests and mountains. I saw beautiful flowers, trees, and birds. Some people say night is a little scary. But I really enjoyed eating dinner outside under bright stars. That night I stayed up late, and talked a lot. I had great experiences! Thank you.

問１ Which is the best title for this speech?

a My family

b A popular mountain

c Scary places in forests

d My wonderful experiences

問２ What did Kate do on that day?

a She went fishing in forests.

b She had a scary night.

c She had dinner outside under stars.

d She went to bed early.

それでは，もう一度聞きます。（スピーチ，問い，問いに対する答えを繰り返す。）

それでは，「やめ」の指示があるまで見直してください。時間は１分程度です。（１分程度）
「やめ」。これで，聞き取り検査を終わります。
監督者は，聞き取り検査の解答用紙を回収してください。
受検者は，そのまま静かに待機しなさい。

令和四年学力検査　解答用紙　全日制課程B

第一時限　国語

一

(一)

(二)

(三)

(四)

(五) 二番目（　　）　四番目（　　）

※一　1点×3　2点×2

二

(一) ①　　　げて

②

(二) ③

※二　1点×3

三

(一)

(二)

(三) A（　　）B（　　）

「水のレンガ」は、

※三

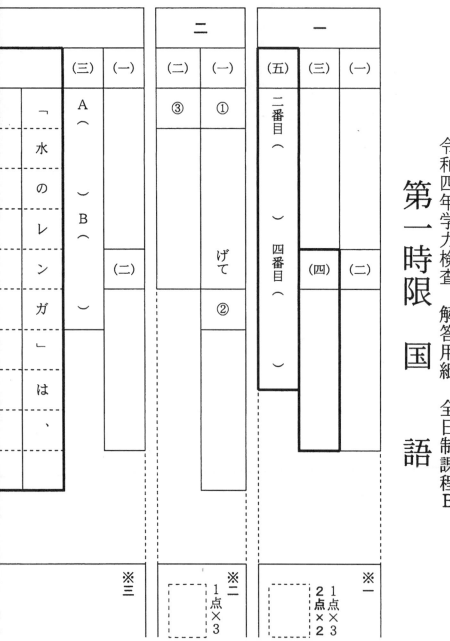

(3)	①	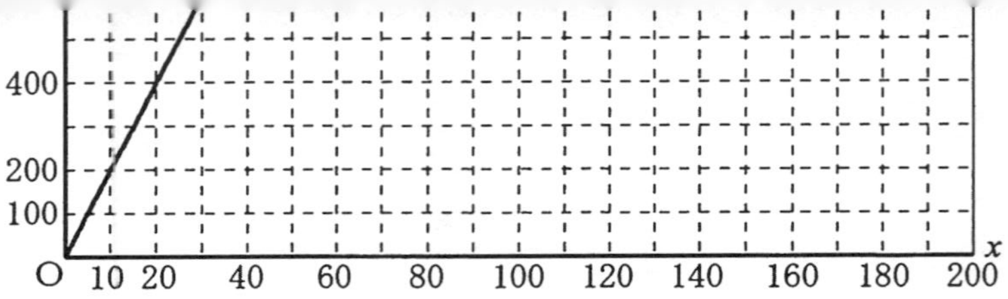
	②	秒間

1点×1
2点×3

3	(1)	度	
	(2)	① cm	② cm^3
	(3)	① 倍	② cm

※3

1点×5

受検番号	第　　番	得　点	※

（注）※印欄には何も書かないこと。

※22点満点

4	(1)	①（　　　　）山脈　，　②（　　　　）				2点×1
	(2)		(3)	位置（　　　），グラフ（　　　）		

5	(1)		(2)			※5 1点×4
	(3)	（企業の）	(4)			

6	(1)		(2)		※6 1点×3
	(3)				

受検番号	第　　　　　番	得　点	※

（注）※印欄には何も書かないこと。

※22点満点

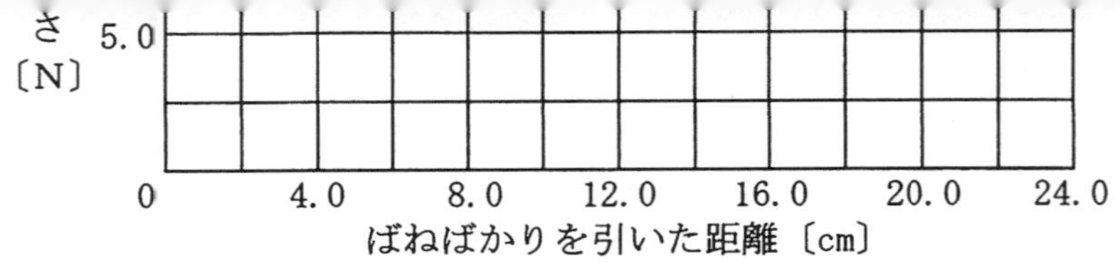

	(4)			

1点×3
2点×1

5	(1)		(2)	
	(3)		(4)	冬至の日 ／ 夏至の日

※**5**　1点×4

6	(1)		(2)	秒

※**6**　1点×2

受検番号	第　　　　番	得　点	※

（注）※印欄には何も書かないこと。

※22点満点

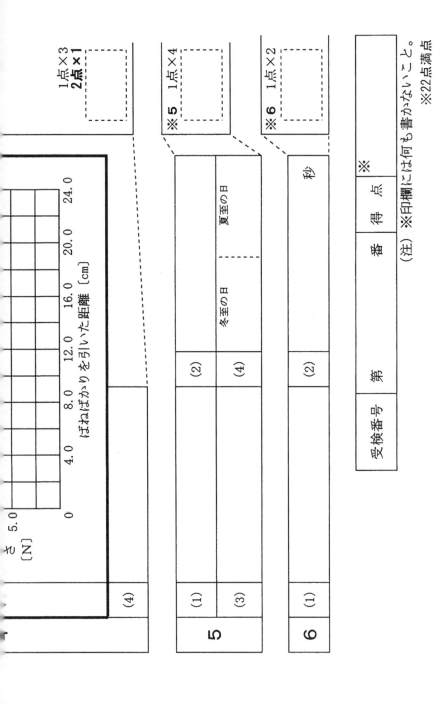

受検番号	第　　　　　　番	得　点	※

（注）※印欄には何も書かないこと。

※筆記検査と合わせて22点満点

		】.	1 点×4 2 点×1
	(4)		
	(5)	(　　　), (　　　)	

4	(1)	b (　　　　), d (　　　　)		※4
	(2)	①	②	
	(3)			1 点×6
	(4)	X	Y	

受検番号	第　　　　番	得　点	※

(注) ※印欄には何も書かないこと。

※聞き取り検査と合わせて22点満点

令和４年学力検査　解答用紙　全日制課程Ｂ

第５時限　外国語（英語）筆記検査

1	I 【① 】.		※1 1点×2
	Because 【② 】.		

2	①	It's not (　　) to travel (　　) train.		※2 1点×3
	②	They often (　　) me (　　) Japanese.		
	③	We don't (　　) to (　　) clothes every morning!		

	(1)			※3
	(2)			

令和４年学力検査　解答用紙　全日制課程Ｂ

第５時限　外国語（英語）聞き取り検査

第１問

１番	a	正　誤	b	正　誤	c	正　誤	d	正　誤
２番	a	正　誤	b	正　誤	c	正　誤	d	正　誤
３番	a	正　誤	b	正　誤	c	正　誤	d	正　誤

1点×3

第２問

問１	a	正　誤	b	正　誤	c	正　誤	d	正　誤
問２	a	正　誤	b	正　誤	c	正　誤	d	正　誤

1点×2

令和４年学力検査　解答用紙　全日制課程Ｂ

第４時限　理　　科

1	(1)	午前　　時　　分　　秒	(2)	Ⅰ（　　），Ⅱ（　　）		※1　1点×2

2	(1)	部分 / 名称	(2)	①の理由 / ③の理由		※2　1点×4
	(3)		(4)			

3	(1)		(2)			※3　1点×3　**2点×1**
	(3)		(4)			

	(1)	cm	(2)	J		※4

図6

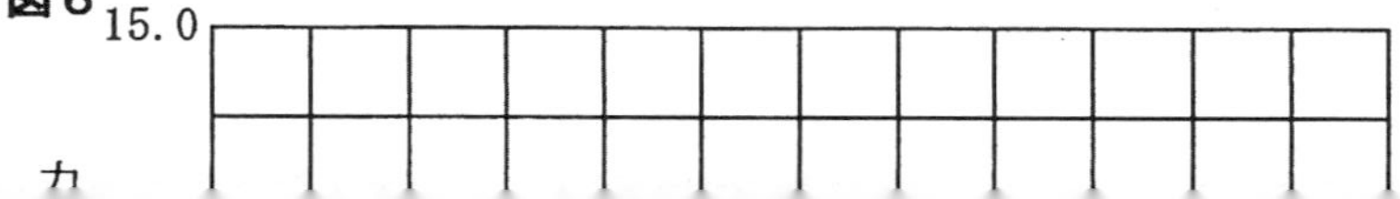

【解答用

令和４年学力検査　解答用紙　全日制課程Ｂ

第３時限　社　　会

					※ 1
1	(1)		(2)		1点×3
	(3)				

					※ 2
2	(1)		(2)		
	(3)				1点×3 **2点×1**
	(4)				

					※ 3
3	(1)		(2)	b (　　　), c (　　　)	1点×3
	(3)				

【解答用

令和４年学力検査　解答用紙　全日制課程Ｂ

第２時限　数　学

1	(1)		(2)	
	(3)		(4)	
	(5)	$x=$	(6)	
	(7)		(8)	枚
	(9)	$y=$	(10)	

※１

1点×10

	(1)	
	(2)	$x=$

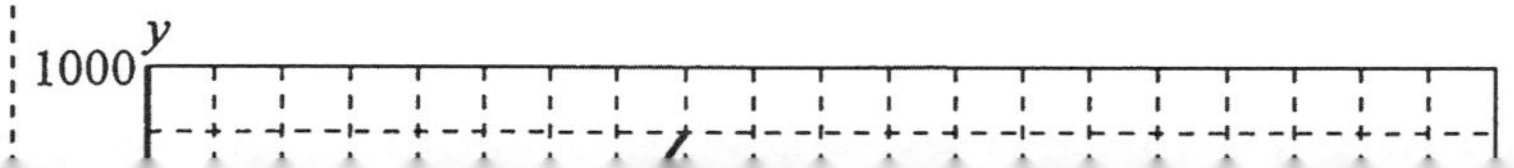

※２

【解答

三

(四)

80 70

(五)

(六)

1点×4
2点×2

四

(一)

(二)

(三)

(四)

※四 1点×4

受検番号 第 番

得点 ※

（注）※印欄には何も書かないこと。

※22点満点

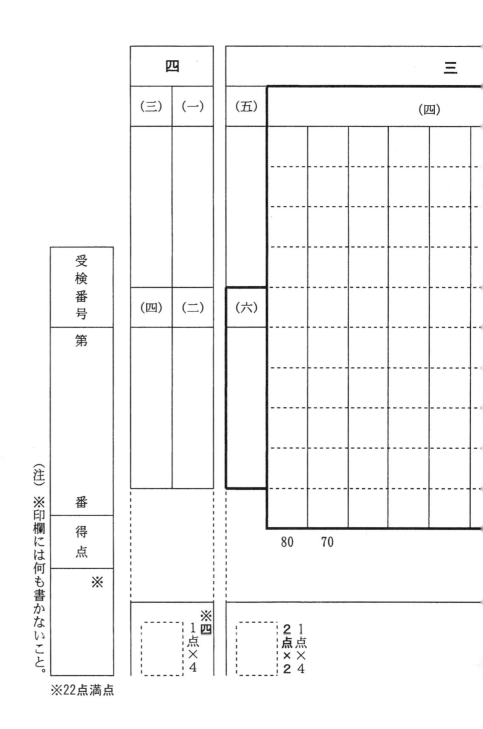

※教英出版注
音声は，解答集の書籍ＩＤ番号を教英出版ウェブサイトで入力して聴くことができます。

令和４年学力検査　外国語（英語）聞き取り検査の台本　　　　　　全日制課程　B

（聞き取り検査指示）

これから英語の聞き取り検査を行います。「始め」という指示で，すぐ受検番号をこの表紙と解答用紙の決められた欄に書きなさい。なお，「始め」という指示のあと，次の指示があるまで１分，時間があります。では，「始め」。（１分）

それでは，聞き取り検査の説明をします。問題は第１問と第２問の二つに分かれています。

第１問。

第１問は，１番から３番までの三つあります。それぞれについて，最初に対話を聞き，続いて，対話についての問いと，問いに対する答え，a，b，c，d を聞きます。そのあと，もう一度，その対話，問い，問いに対する答えを聞きます。必要があればメモをとってもよろしい。

問いの答えとして正しいものは解答欄の「正《せい》」の文字を，誤っているものは解答欄の「誤《ご》」の文字を，それぞれ○《まる》でかこみなさい。正しいものは，各問いについて一つしかありません。それでは，聞きます。

（第１問）

１番

Jane: Ben, tell me about your town, please.

Ben: OK, Jane. There're no tall buildings, or shopping malls, but we have a great national park.

Jane: You like your town, right?

Question: What will Ben say next?

a　Yes. I like the big buildings.

b　Yes. The park is beautiful.

c　No. My town has no park.

d　No. The shopping mall is old.

それでは，もう一度聞きます。（対話，問い，問いに対する答えを繰り返す。）

２番

Chris: Hello. This is Chris. May I speak to Steve?

Ellen: Hi, Chris. I'm Ellen, Steve's sister. He's not home. I can tell him to call you back.

Chris: Thanks. When will he get home?

Question: What will Ellen say next?

a　He'll be back in a few hours.

b　I like to stay at home.

c　He studies after dinner.

d　I'll see you at school tomorrow.

それでは，もう一度聞きます。（対話，問い，問いに対する答えを繰り返す。）

３番

Mary: What are your plans for tomorrow, Brian?

Brian: Well, Mary, I'll study for a math test, help my aunt with her shopping, and

(1) （　A　）にあてはまる最も適当な語を，次の５語の中から選んで，正しい形にかえて書きなさい。

progress　　contact　　imagine　　drop　　save

(2) ［　①　］にあてはまる最も適当な英語を，次の**ア**から**エ**までの中から一つ選んで，そのかな符号を書きなさい。

ア　and they have no influence on the environment

イ　but the decreasing number of insects is a big problem

ウ　so their number will increase next year

エ　because it is difficult to research about them

(3) 下線②のついた文が，本文の内容に合うように，【　　】内の語句を正しい順序に並べかえなさい。

(4) 本文中では，あるデパートの取組についてどのように述べられているか。最も適当なものを，次の**ア**から**エ**までの文の中から一つ選んで，そのかな符号を書きなさい。

ア　A department store in Osaka is growing a garden in a park.

イ　A department store in Osaka is giving birds and animals food.

ウ　A department store in Osaka is telling people about bees and the environment.

エ　A department store in Osaka is telling people how to make pollen.

(5) 次の**ア**から**カ**までの文の中から，その内容が本文に書かれていることと一致するものを二つ選んで，そのかな符号を書きなさい。

ア　Over 60% of all the known species on the earth are insects.

イ　A lot of chemicals are used on plants to save some kinds of insects.

ウ　There is only one reason for the change of the insect population.

エ　Insects are not important for the environment and for humans.

オ　If the number of insects continues decreasing, plants and animals will also decrease.

カ　Scientists are working together to understand the problems of insects.

4　高校に入学した智（Satoshi）と留学生のアマンダ（Amanda）が話しています。次の対話文を読んで，あとの(1)から(4)までの問いに答えなさい。

Satoshi: Hello, Amanda. I'm working on my report. Can I ask you some questions?

Amanda: 【 a 】

Satoshi: It's about smartphones.

Amanda: 【 b 】

Satoshi: Yes, smartphones are very popular today. Now, some high school students can use smartphones in the classroom. I think this topic is interesting. What do you think about it?

Amanda: Well, I think there are both good points and bad points.

Satoshi: 【 c 】

Amanda: These days, most high school students have a smartphone. They have easy access to the internet. ①<u>If the students can use smartphones in the classroom, their school life is more convenient (　　) before.</u>

Satoshi: I don't understand your point. Could you give me an example?

Amanda: Sure! For example, students can surf the internet and work on classroom activities more effectively. Sharing information with classmates and teachers is easy. Using the internet from your smartphones is the fastest.

Satoshi: 【 d 】

Amanda: Well, students can find and watch videos about a variety of topics. They can even use it as a calculator or for taking notes in the classroom. A smartphone can be useful for learning.

Satoshi: ②<u>Well, what do you think about the (　　) points?</u>

Amanda: I think that it's easy for students to lose focus when they use a smartphone. They play games and do various things that are not related to school work. If students cannot use their smartphone properly, there will be a lot of problems in the classroom. This situation will (　A　) other people uncomfortable.

Satoshi: 【 e 】 I understand what you think. We should know how to use smartphones properly.

Amanda: You're welcome. I'm glad to hear that.

（注）　access　アクセス（情報システムへの接続）　　effectively　効率よく
　　calculator　計算機　　notes　メモ，覚え書き　　focus　集中　　properly　適切に

(1) 次のアからオまでの英文を，対話文中の 【 a 】 から 【 e 】 までのそれぞれにあてはめて，対話の文として最も適当なものにするには，【 b 】 と 【 d 】 にどれを入れたらよいか，そのかな符号を書きなさい。ただし，いずれも一度しか用いることができません。

ア I agree. I want to know about the good points first.

イ I understand. What else can students do with their smartphones?

ウ Of course. What is your report about?

エ Sounds exciting. I know a lot of people use smartphones in their daily lives.

オ Thank you for sharing your opinion. It helped me a lot.

(2) 下線①，②のついた文が，対話の文として最も適当なものとなるように，それぞれの（　　）にあてはまる語を書きなさい。

(3) （ A ） にあてはまる最も適当な語を，次のアからエまでの中から選んで，そのかな符号を書きなさい。

ア become　　イ remove　　ウ perform　　エ make

(4) 次の英文は，この対話があった日の夜，智が英語の授業で発表するために書いたスピーチ原稿です。この原稿が対話文の内容に合うように，英文中の（ X ），（ Y ）にそれぞれあてはまる最も適当な語を書きなさい。

Using smartphones in high school

I want to talk about using smartphones in high school. Some high school students can use smartphones in their classroom. I'm interested in this topic. So, I decided to ask Amanda about her opinion.

According to her, there are both good points and bad points. Students can find more information from the internet. They can also （ X ） the information with their classmates and teachers easily. However, if they lose focus, they may start playing games.

I learned from her opinion. I think it is （ Y ） for us to use smartphones properly. Thank you.

（問題はこれで終わりです。）

メモ欄（必要があれば，ここにメモをとってもよろしい。）

次の(1)から(4)までの問いに答えなさい。

図3

(1) 〔実験1〕の①で，ガスバーナーに点火すると，炎が赤色（オレンジ色）であった。ガスの量を変えずに，空気の量を調節して青色の炎にするときの，**図3**のガスバーナーの操作について説明した文として最も適当なものを，次の**ア**から**ク**までの中から選んで，そのかな符号を書きなさい。

ア　空気の量が不足しているので，ねじgを動かさないで，ねじfをFの向きに回す。
イ　空気の量が不足しているので，ねじgを動かさないで，ねじfをGの向きに回す。
ウ　空気の量が不足しているので，ねじfを動かさないで，ねじgをFの向きに回す。
エ　空気の量が不足しているので，ねじfを動かさないで，ねじgをGの向きに回す。
オ　空気の量が多すぎるので，ねじgを動かさないで，ねじfをFの向きに回す。
カ　空気の量が多すぎるので，ねじgを動かさないで，ねじfをGの向きに回す。
キ　空気の量が多すぎるので，ねじfを動かさないで，ねじgをFの向きに回す。
ク　空気の量が多すぎるので，ねじfを動かさないで，ねじgをGの向きに回す。

(2) 次の文章は，〔実験1〕の結果について説明したものである。文章中の（　Ⅰ　）から（　Ⅲ　）までのそれぞれにあてはまる語の組み合わせとして最も適当なものを，下の**ア**から**ク**までの中から選んで，そのかな符号を書きなさい。

〔実験1〕の④の結果，塩化コバルト紙は赤色（桃色）に変わったため，試験管Aの口の付近にできた液体は（　Ⅰ　）であることがわかる。また，〔実験1〕の⑤の結果，（　Ⅱ　）に変わったので，試験管A内に残った物質を水に溶かすと（　Ⅲ　）を示すことがわかる。

ア	Ⅰ	エタノール，	Ⅱ	青色，	Ⅲ	酸性
イ	Ⅰ	エタノール，	Ⅱ	青色，	Ⅲ	アルカリ性
ウ	Ⅰ	エタノール，	Ⅱ	赤色，	Ⅲ	酸性
エ	Ⅰ	エタノール，	Ⅱ	赤色，	Ⅲ	アルカリ性
オ	Ⅰ	水，	Ⅱ	青色，	Ⅲ	酸性
カ	Ⅰ	水，	Ⅱ	青色，	Ⅲ	アルカリ性
キ	Ⅰ	水，	Ⅱ	赤色，	Ⅲ	酸性
ク	Ⅰ	水，	Ⅱ	赤色，	Ⅲ	アルカリ性

(3) 〔実験1〕で試験管Bに集めた気体と〔実験2〕で試験管Dに集めた気体について説明した文章として最も適当なものを，次の**ア**から**エ**までの中から選んで，そのかな符号を書きなさい。
ただし，〔実験1〕で集めた気体を**X**，〔実験2〕で集めた気体を**Y**とする。

ア　**X**と**Y**は同じ気体である。この気体は，石灰石にうすい塩酸を加えると発生する。
イ　**X**と**Y**は同じ気体である。この気体は，二酸化マンガンにうすい過酸化水素水（オキシドール）を加えると発生する。
ウ　**X**と**Y**は異なる気体である。**X**は，石灰石にうすい塩酸を加えると発生する。また，**Y**は，二酸化マンガンにうすい過酸化水素水（オキシドール）を加えると発生する。
エ　**X**と**Y**は異なる気体である。**X**は，二酸化マンガンにうすい過酸化水素水（オキシドール）を加えると発生する。また，**Y**は，石灰石にうすい塩酸を加えると発生する。

(4) 〔実験3〕の③で，試験管Eの中にある固体の物質の質量は5.86ｇであった。この物質に含まれている酸素の質量は何ｇか。最も適当なものを，次の**ア**から**コ**までの中から選んで，そのかな符号を書きなさい。

ア	0.07ｇ	**イ**	0.12ｇ	**ウ**	0.14ｇ	**エ**	0.18ｇ	**オ**	0.21ｇ
カ	0.24ｇ	**キ**	0.28ｇ	**ク**	0.32ｇ	**ケ**	0.35ｇ	**コ**	0.40ｇ

4 おもりを持ち上げたときの滑車のはたらきについて調べるため，次の〔実験１〕から〔実験３〕までを行った。

ただし，ばねばかり，滑車及び糸の質量は無視できるものとし，滑車に摩擦力ははたらかないものとする。

〔実験１〕 ① **図１**のように，スタンドに定規を固定し，ばねばかりに糸のついたおもりを取り付けた。

② 糸にたるみがなく，ばねばかりの示す力の大きさが０Ｎとなる位置から，ゆっくりと一定の速さでばねばかりを24.0cm真上に引いた。このとき，ばねばかりを引いた距離とばねばかりの示す力の大きさとの関係を調べた。

図１

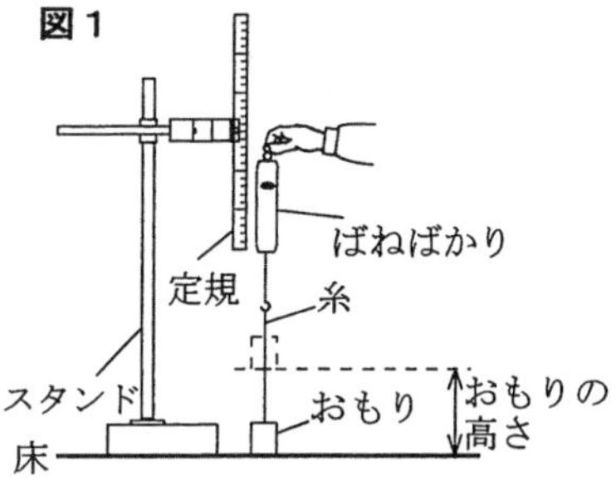

図２は，〔実験１〕の②の結果について，横軸にばねばかりを引いた距離〔cm〕を，縦軸にばねばかりの示す力の大きさ〔N〕をとり，その関係をグラフに表したものである。

図２

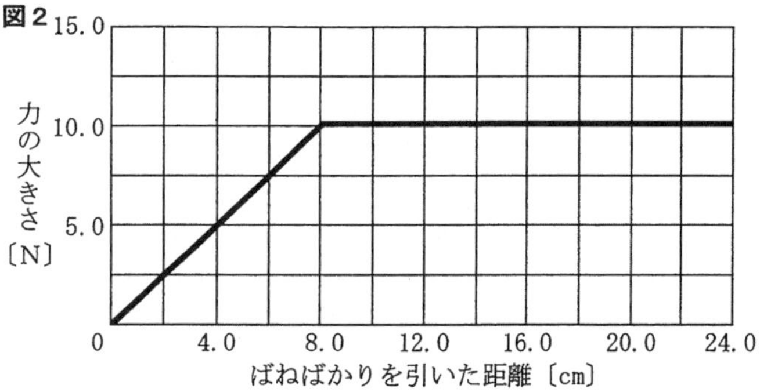

〔実験２〕 ① スタンド，定規，動滑車，定滑車，糸，ばねばかりと〔実験１〕で用いたおもりを用いて，**図３**のような装置をつくった。

② 糸にたるみがなく，ばねばかりの示す力の大きさが０Ｎとなる位置から，ゆっくりと一定の速さでばねばかりを24.0cm水平に引いた。このとき，ばねばかりを引いた距離とばねばかりの示す力の大きさとの関係を調べた。

図３

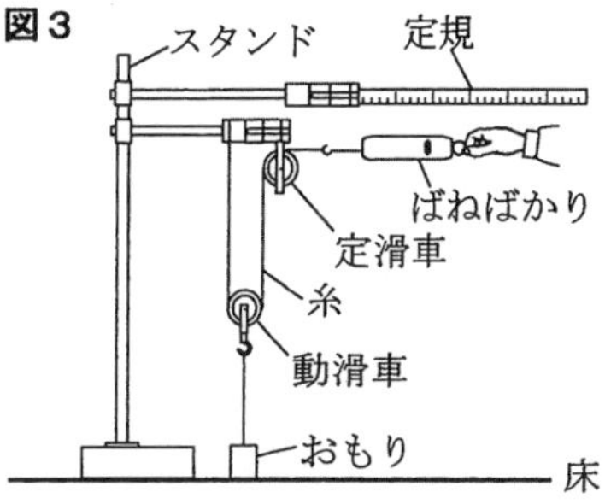

〔実験３〕 ① **図４**のように，２つの動滑車を棒で固定し，棒にフックを取り付けた。なお，棒とフックの質量は無視できるものとする。

② スタンド，定規，定滑車，糸，ばねばかり，**図４**の動滑車，〔実験１〕で用いたおもりを用いて，**図５**のような装置をつくった。

③ 糸にたるみがなく，ばねばかりの示す力の大きさが０Ｎとなる位置から，ゆっくりと一定の速さでばねばかりを24.0cm水平に引いた。このとき，ばねばかりを引いた距離と床からのおもりの高さとの関係を調べた。

なお，２つの動滑車を固定した棒は常に水平を保ちながら動くものとする。

図４

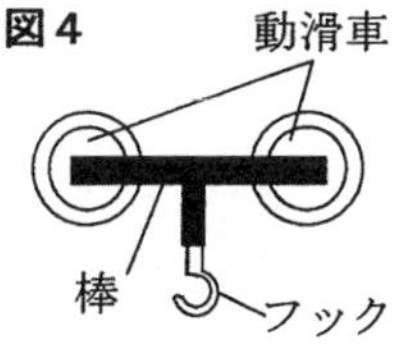

図５

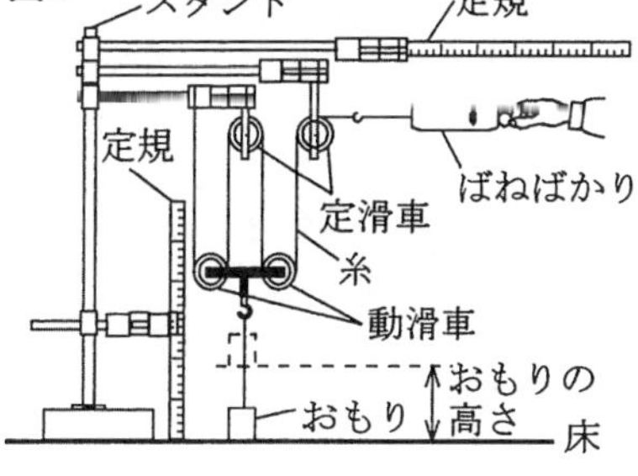

次の(1)から(4)までの問いに答えなさい。

(1) 〔実験１〕の②の途中で，ばねばかりを16.0cm真上に引いたとき，床からのおもりの高さは何cmか，小数第１位まで求めなさい。

(2) 〔実験１〕の②の途中で，おもりが床から離れた直後から，12.0cmの高さになるまで，おもりを引き上げた仕事は何Ｊか，小数第１位まで求めなさい。

(3) 〔実験２〕の②で，ばねばかりを０cmから24.0cmまで引いたとき，ばねばかりを引いた距離とばねばかりの示す力の大きさの関係はどのようになるか。横軸にばねばかりを引いた距離〔cm〕を，縦軸に力の大きさ〔N〕をとり，その関係を表すグラフを解答欄の**図６**に書きなさい。

図６

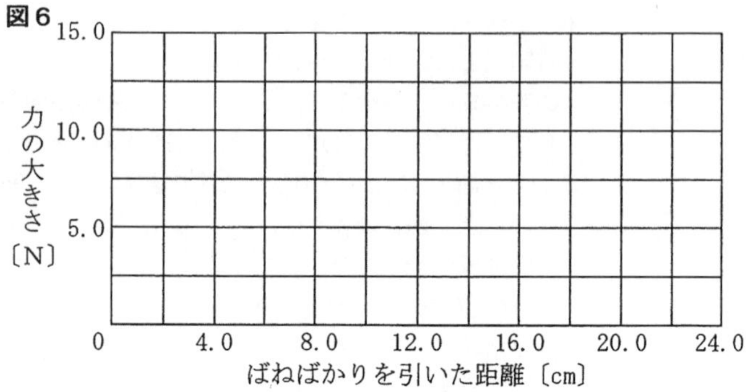

(4) 〔実験３〕の③で，ばねばかりを０cmから24.0cmまで引いたとき，ばねばかりを引いた距離と床からのおもりの高さの関係はどのようになるか。横軸にばねばかりを引いた距離〔cm〕を，縦軸に床からのおもりの高さ〔cm〕をとり，その関係をグラフに表したものとして最も適当なものを，次の**ア**から**カ**までの中から選んで，そのかな符号を書きなさい。

ア

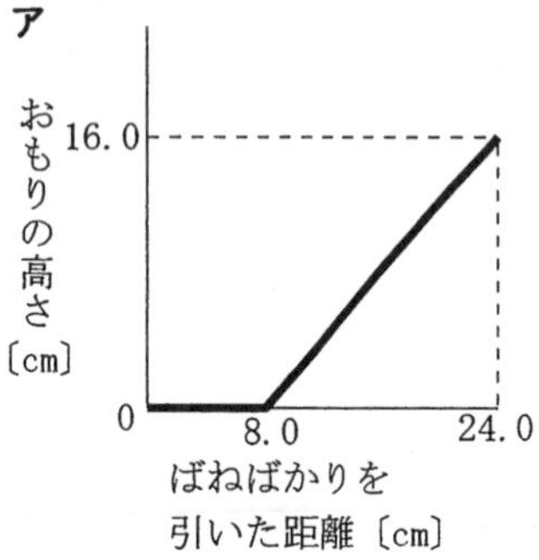

イ

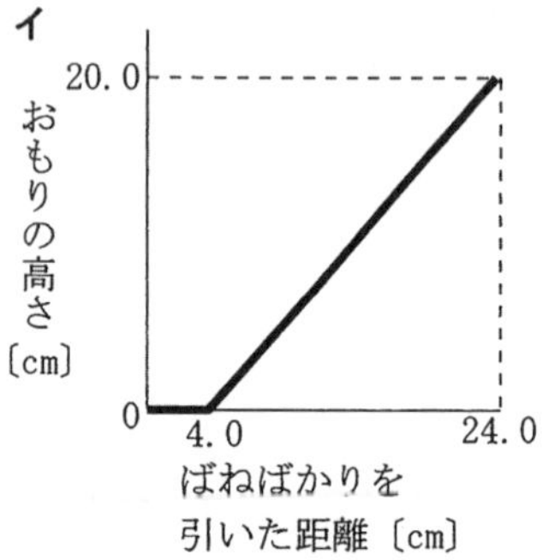

ウ

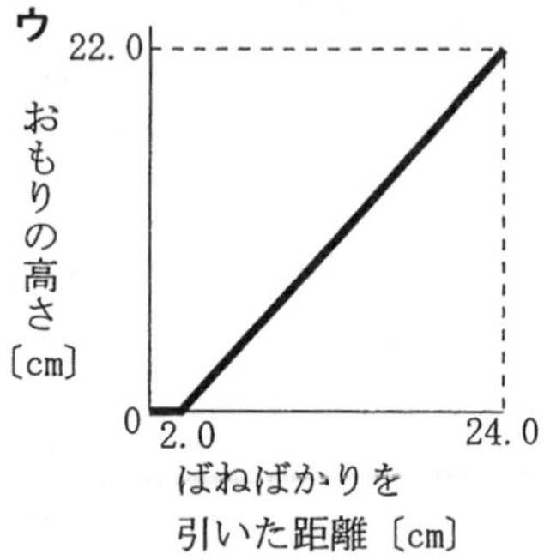

エ

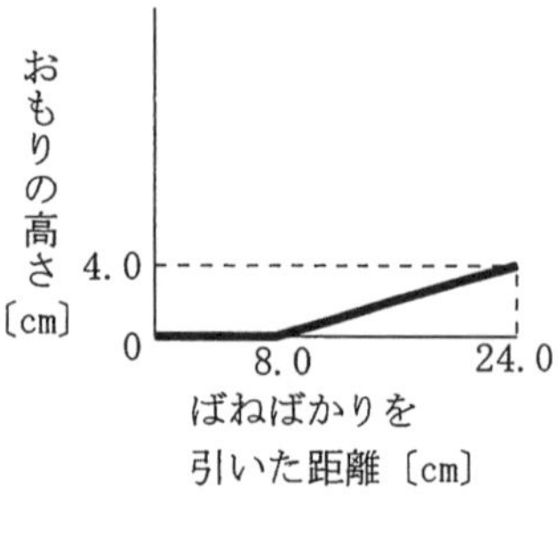

オ

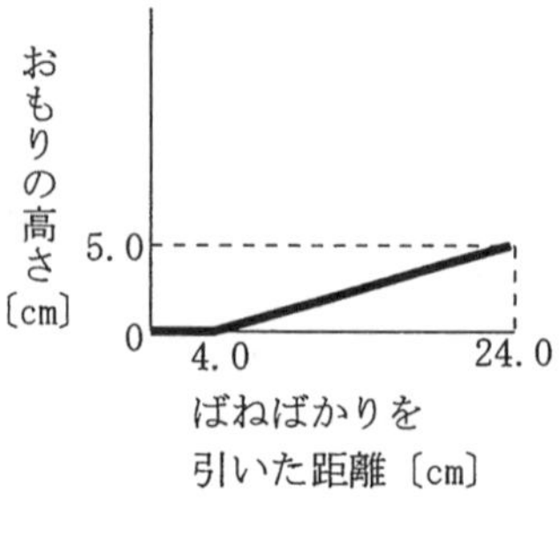

カ

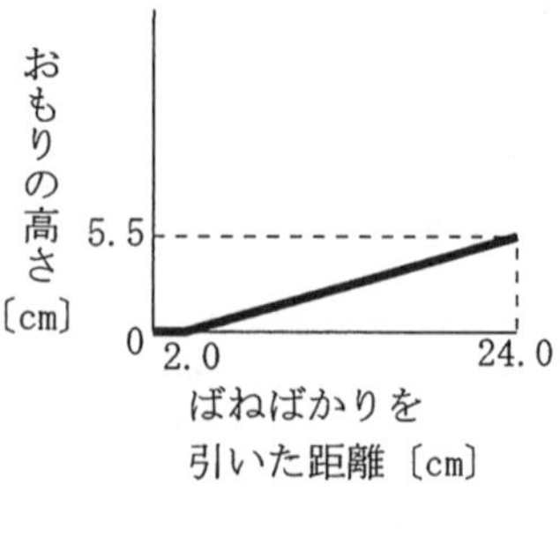

5 太陽の動きについて調べるため，日本のある地点Xで，次の〔観察１〕から〔観察３〕までを行った。

〔観察１〕 ① 冬至の日に，**図１**のように，直角に交わるように線を引いた厚紙に透明半球を固定し，日当たりのよい水平な場所に東西南北を合わせて置いた。

図１

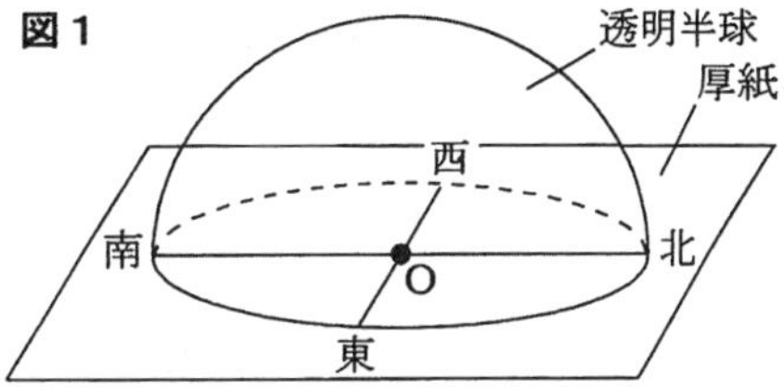

② 午前８時から午後４時までの１時間ごとに，サインペンの先端を透明半球の上で動かし，サインペンの先端の影が透明半球の中心Oと重なるようにして，透明半球上に点をつけ，太陽の位置を記録した。

③ ②で記録した点をなめらかな線で結び，さらにその線を透明半球の縁まで伸ばした。このとき，**図２**のように，透明半球の縁まで伸ばした線の端をそれぞれ点P，点Qとした。

図２

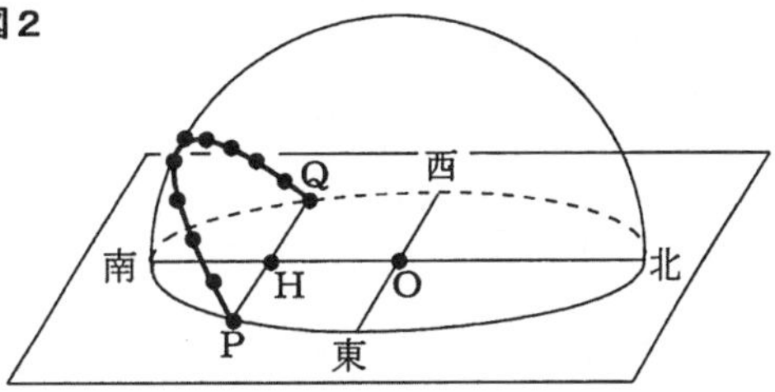

④ ③で透明半球上に結んだ線にビニールテープを重ね，点P，点Q，②で記録した太陽の位置をビニールテープに写し，各点の間の長さをはかった。

図２の点Hは，点Oを通る南北の線と線分ＰＱとの交点である。また，**図３**は，**図２**の透明半球を真横から見たものであり，**図４**は，〔観察１〕の④の結果を示したものである。ただし，**図３**では，透明半球上に記録された太陽の位置を示す点は省略してある。

図３

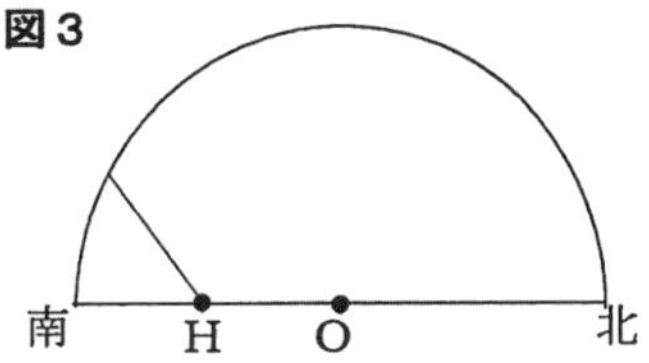

図４

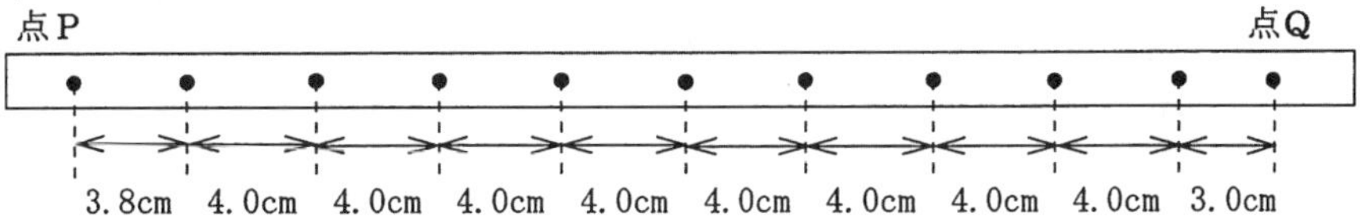

〔観察２〕 〔観察１〕で用いた透明半球を使って，春分の日と夏至の日にそれぞれ〔観察１〕と同じことを行った。

〔観察３〕 ① 冬至の日に，**図５**のように，直角に交わるように線を引いた厚紙上の交点Rに棒を垂直に立て，日当たりのよい水平な場所に東西南北を合わせて置いた。

図５

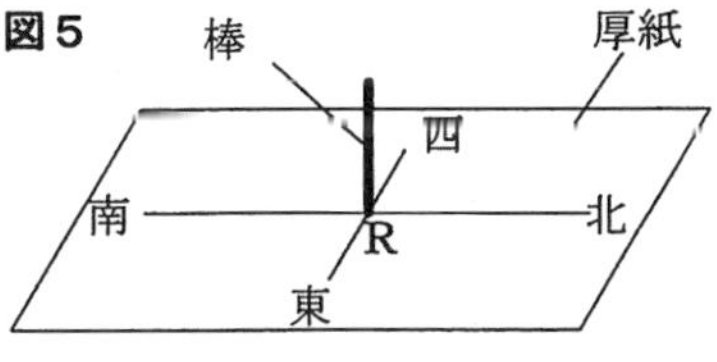

② 午前８時から午後４時までの１時間ごとに，棒の影の先端の位置を厚紙に記録して，なめらかな線で結んだ。

③ 夏至の日に，①，②と同じことを行った。

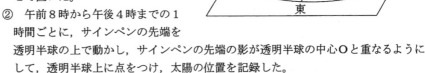

次の(1)から(4)までの問いに答えなさい。

(1)　〔観察１〕で，太陽が南中した時刻として最も適当なものを，次の**ア**から**オ**までの中から選んで，そのかな符号を書きなさい。

ア　午前11時48分　**イ**　午前11時54分　**ウ**　正午　**エ**　午後０時06分　**オ**　午後０時12分

(2)　**図６**は，〔観察２〕で春分の日と夏至の日に太陽の動きを記録した透明半球を真横から見たものであり，点A，Bは，それぞれ春分の日と夏至の日のいずれかに太陽が南中した位置を示している。

　夏至の日の太陽の南中高度はどのように表されるか。最も適当なものを，次の**ア**から**カ**までの中から選んで，そのかな符号を書きなさい。

　ただし，点Cは天頂を示しており，点Ｉは直線HO上の点である。

図６

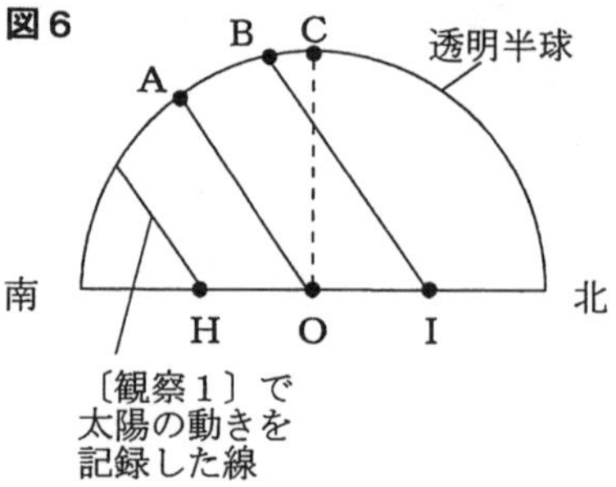

ア　∠AOH　**イ**　∠AIO　**ウ**　∠AOC
エ　∠BOH　**オ**　∠BIO　**カ**　∠BOC

(3)　春分の日に，赤道上で〔観察１〕と同じことを行ったとすると，〔観察２〕で春分の日に地点Xで観察した場合と比べてどうなるか。次の文章中の（　i　），（　ii　）にあてはまる語句の組み合わせとして最も適当なものを，下の**ア**から**カ**までの中から選んで，そのかな符号を書きなさい。

> 赤道上で観察した場合は，地点Xで観察した場合と比べると，日の出の方角は（　i　），南中高度は高くなる。また，日の出から日の入りまでの時間は（　ii　）。

ア　i　北よりになり，　ii　長くなる　　**イ**　i　北よりになり，　ii　変わらない
ウ　i　南よりになり，　ii　長くなる　　**エ**　i　南よりになり，　ii　変わらない
オ　i　変わらず，　ii　長くなる　　**カ**　i　変わらず，　ii　変わらない

(4)　〔観察３〕で，冬至の日と夏至の日に記録して結んだ線を真上から見たものとして最も適当なものを，次の**ア**から**カ**までの中からそれぞれ選んで，そのかな符号を書きなさい。

ア

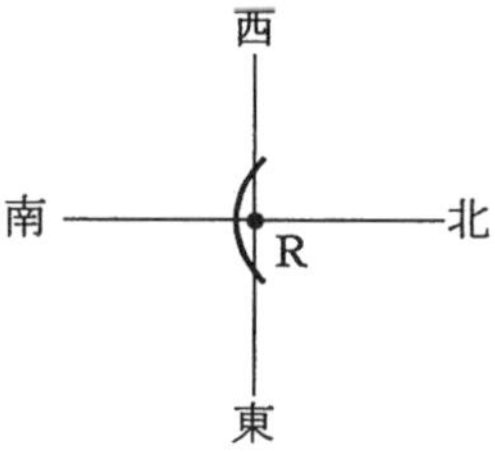

イ

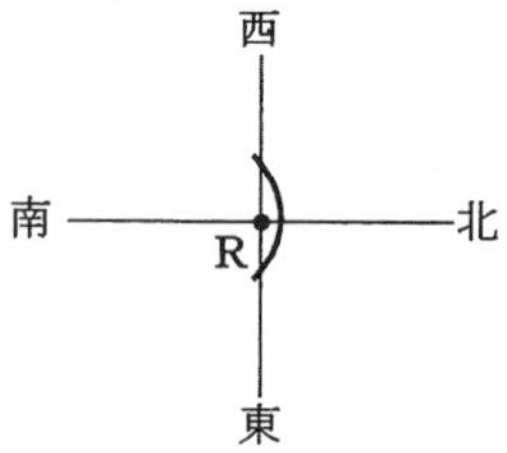

ウ

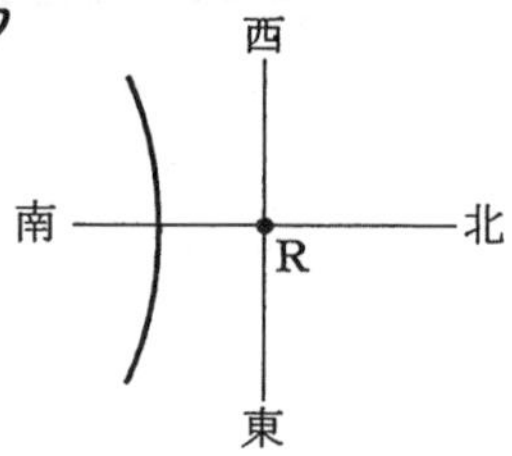

エ

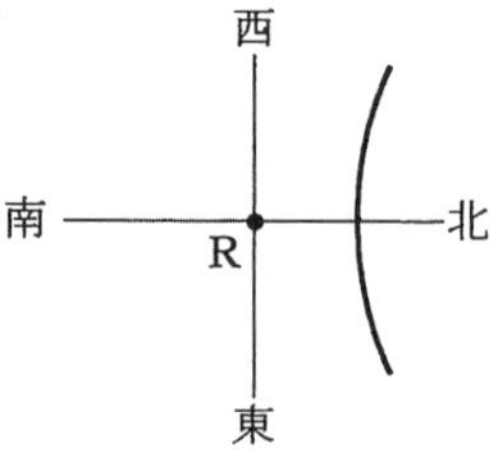

オ

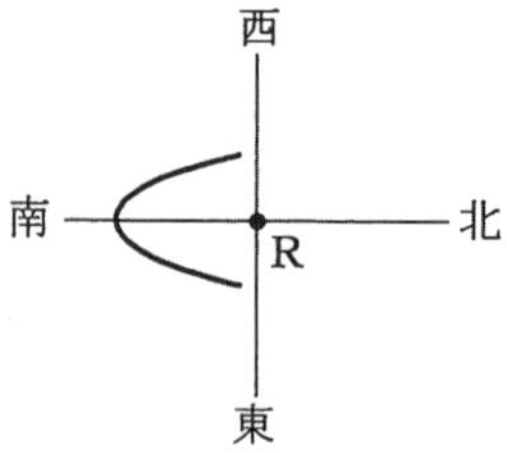

カ

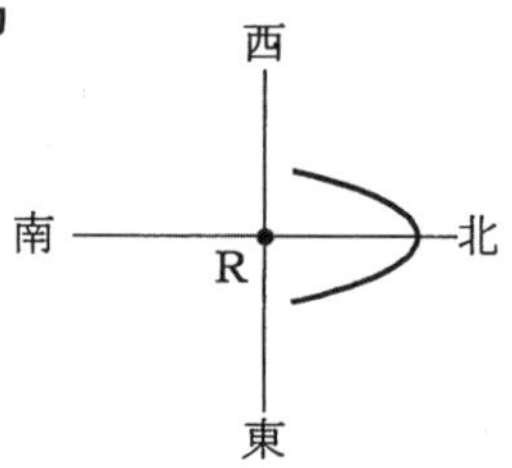

6　次の(1)，(2)の問いに答えなさい。

(1)　電池について調べるため，金属板Ａ，金属板Ｂと水溶液の組み合わせをさまざまに変えて，**図**のような装置をつくった。**表**は，金属板Ａ，金属板Ｂと水溶液の組み合わせをまとめたものである。**図**の装置の光電池用モーターが回る金属板と水溶液の組み合わせとして最も適当なものを，**表**の**ア**から**カ**までの中から選んで，そのかな符号を書きなさい。

図

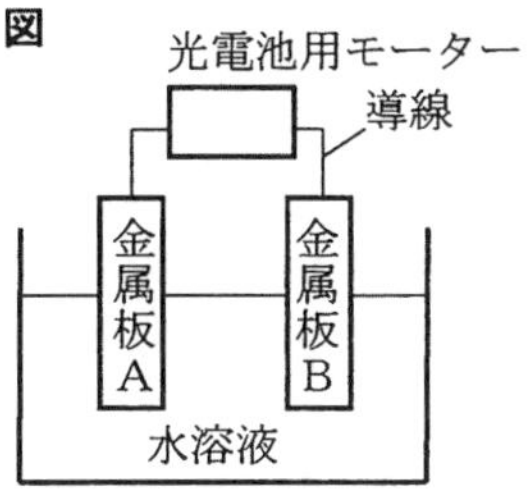

表

	金属板Ａ	金属板Ｂ	水溶液
ア	亜鉛板	亜鉛板	砂糖水
イ	銅板	銅板	砂糖水
ウ	亜鉛板	銅板	砂糖水
エ	亜鉛板	亜鉛板	うすい塩酸
オ	銅板	銅板	うすい塩酸
カ	亜鉛板	銅板	うすい塩酸

(2)　ヒトの刺激に対する反応について調べるため，次の〔実験〕を行った。

〔実験〕　①　**図**のように，16人が手をつないで輪をつくった。

②　Ａさんは，左手にもったストップウォッチをスタートさせるのと同時に，右手でとなりの人の左手をにぎった。

③　左手をにぎられた人は，右手でとなりの人の左手をにぎることを順に行った。

④　16人目のＢさんは，Ａさんから右手でストップウォッチを受け取り，自分の左手をにぎられたらストップウォッチを止め，時間を記録した。

⑤　②から④までを，さらに２回繰り返した。

図

〔実験〕における３回の測定結果の平均は，4.9秒であった。

この〔実験〕において，左手の皮膚が刺激を受け取ってから右手の筋肉が反応するまでにかかる時間は，次のａからｃまでの時間の和であるとする。

a	左手の皮膚から脳まで，感覚神経を信号が伝わる時間
b	脳が，信号を受け取ってから命令を出すまでの時間
c	脳から右手の筋肉まで，運動神経を信号が伝わる時間

この〔実験〕において，脳が，信号を受け取ってから命令を出すまでの時間は，１人あたり何秒であったか，小数第１位まで求めなさい。

ただし，感覚神経と運動神経を信号が伝わる速さを60m/秒とし，信号を受けた筋肉が収縮する時間は無視できるものとする。また，左手の皮膚から脳までの神経の長さと，脳から右手の筋肉までの神経の長さは，それぞれ１人あたり0.8ｍとする。

なお，Ａさんは，ストップウォッチをスタートさせるのと同時にとなりの人の手をにぎっているので，計算する際の人数には入れないこと。

（問題はこれで終わりです。）

(1) 次の文章は，生徒がⅠの表中のAからEまでのいずれかの府県を説明するために作成したメモである。この文章の内容にあてはまる府県として最も適当なものを，Ⅰの表中のAからEまでの中から選んで，その符号を書きなさい。

伝統的工芸品としては，会津塗が有名です。1970年代以降，この地方に高速道路が整備されると，沿線の地域に工場が増えて，電気機械工業がさかんになりました。また，沿岸部の原子力発電所は，2011年の東日本大震災までは関東地方に多くの電力を供給していました。

(2) 次の**ア**から**エ**までは，Ⅱの表中のaからdまでの道県の略地図である。Ⅱの表中のbとcを表しているものを，**ア**から**エ**までの中からそれぞれ選んで，そのかな符号を書きなさい。なお，**ア**から**エ**までの略地図の縮尺は統一されていない。また，沖縄県については，本島のみを示しており，その他の道県については，離島を示していない。

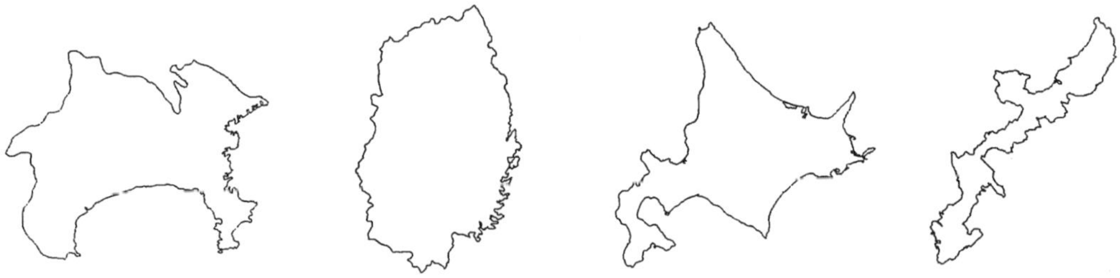

ア　　**イ**　　**ウ**　　**エ**

(3) 次の文章は，生徒が東京都などの都市部でみられる現象や災害について説明するためにまとめたものの一部である。文章中の（　①　），（　②　），（　③　）にあてはまることばの組み合わせとして最も適当なものを，下の**ア**から**ク**までの中から選んで，そのかな符号を書きなさい。

東京都などの都市部では，地面が太陽で熱せられやすいアスファルトなどでおおわれていて，人々の活動によって熱い排気が出されるため，都市部の気温が周辺部よりも（　①　）なる（　②　）現象がみられます。また，近年，都市やその周辺では，夏の午後に突然降り出す激しい雷雨も増えていて，洪水などの被害が問題になっています。自然災害が発生したときに，どのような被害が起こるかを予測した（　③　）などを参考にして，予測される災害について理解を深め，対策を立てておく必要があります。

ア　① 高く　② ドーナツ化　③ 人口ピラミッド
イ　① 高く　② ドーナツ化　③ ハザードマップ
ウ　① 高く　② ヒートアイランド　③ 人口ピラミッド
エ　① 高く　② ヒートアイランド　③ ハザードマップ
オ　① 低く　② ドーナツ化　③ 人口ピラミッド
カ　① 低く　② ドーナツ化　③ ハザードマップ
キ　① 低く　② ヒートアイランド　③ 人口ピラミッド
ク　① 低く　② ヒートアイランド　③ ハザードマップ

4 次のⅠの略地図は，北アメリカ州と南アメリカ州を示したものであり，Ⅱの表は，とうもろこしと（　X　）の生産量上位５国とその生産量を示している。また，Ⅲのグラフは，４都市の月別降水量と月別平均気温を示したものである。あとの(1)から(3)までの問いに答えなさい。

なお，Ⅰの略地図は面積が正しく，緯線が赤道に平行で等間隔で表現される図法で描かれており，A，Cは緯線を，Bは山脈を示している。また，Ⅰの略地図中のw，x，y，zおよびⅢのグラフのa，b，c，dは，それぞれサンティアゴ，ニューヨーク，ブエノスアイレス，ロサンゼルスのいずれかである。

Ⅰ　北アメリカ州と南アメリカ州の略地図

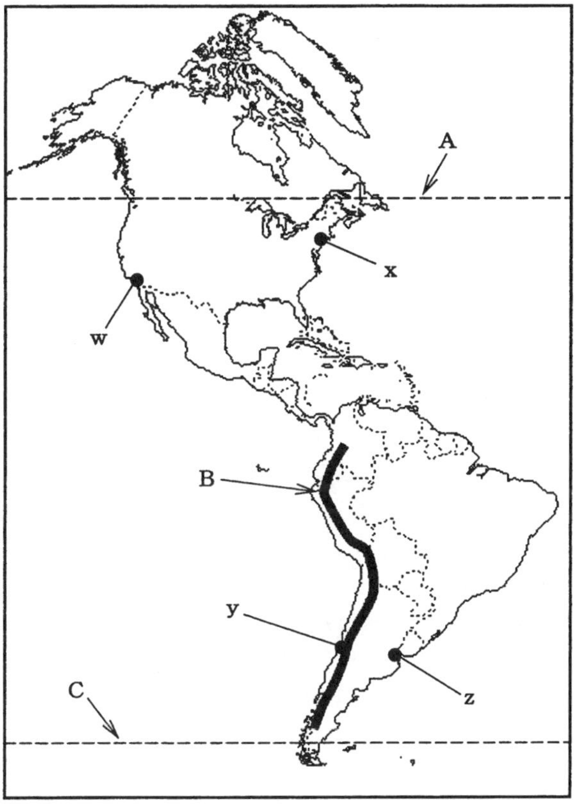

Ⅱ　とうもろこしと（　X　）の生産量上位５国とその生産量

	とうもろこし		（　X　）	
順位	国　名	生産量（万 t）	国　名	生産量（万 t）
1位	アメリカ	39 245	ブラジル	74 683
2位	中　国	25 717	インド	37 690
3位	ブラジル	8 229	中　国	10 810
4位	アルゼンチン	4 346	タ　イ	10 436
5位	ウクライナ	3 580	パキスタン	6 717

（「データブック　オブ・ザ・ワールド　2021年版」をもとに作成）

Ⅲ　4都市の月別降水量と月別平均気温

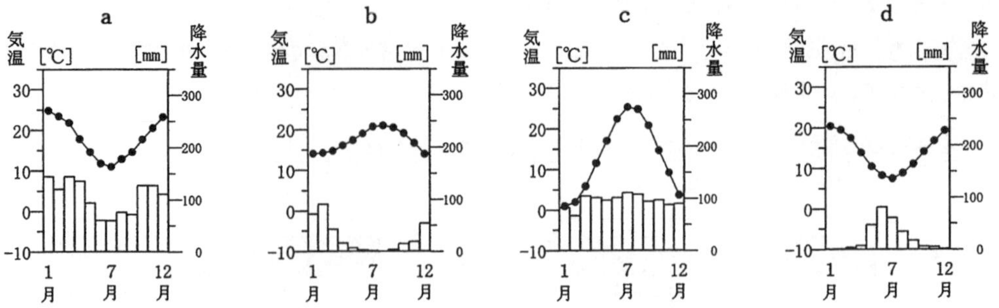

（「理科年表　2021」をもとに作成）

(1) 次の文章は，生徒がⅠの略地図について説明したメモの一部である。文章中の（　①　）にあてはまる最も適当なことばを，カタカナ４字で書きなさい。また，（　②　）にあてはまることばとして最も適当なものを，下のアからエまでの中から選んで，そのかな符号を書きなさい。

Aは北緯49度の緯線で，アメリカとカナダの国境の一部になっています。Bは（　①　）山脈を表しており，この山脈には6000m級の山々が連なり，高度によって異なる自然環境がみられます。南アメリカ大陸の南端付近を通るCは，（　②　）の緯線を表しています。

ア　南緯20度　　**イ**　南緯30度　　**ウ**　南緯40度　　**エ**　南緯50度

(2) Ⅱの表のとうもろこしや（　X　）は，アメリカやブラジルなどで石油に代わるエネルギー源であるバイオ燃料（バイオエタノールなど）の原料として利用されている。（　X　）にあてはまる最も適当な農作物の名称を，ひらがなまたはカタカナ５字で書きなさい。

(3) 次の文章は，生徒がロサンゼルスについてまとめたものの一部である。ロサンゼルスの位置をⅠの略地図中のwからzまでの中から選んで，その符号を書きなさい。また，ロサンゼルスの月別降水量と月別平均気温を示したグラフとして最も適当なものを，Ⅲのaからdまでの中から選んで，その符号を書きなさい。

太平洋岸に位置するロサンゼルスは，年間を通して温暖で，比較的降水量が少なく，好天に恵まれていることが多いです。ロサンゼルス郊外のハリウッドは，映画産業の中心地となっていますが，このような気候が屋外での撮影に向いていたことも一つの理由だそうです。

5 次のⅠからⅣまでの資料は，生徒が企業についてのレポートを作成するために用意したものの一部である。あとの(1)から(4)までの問いに答えなさい。

なお，Ⅱ，Ⅲの資料中のＸ，Ｙ，Ｚには，それぞれ同じ項目があてはまり，飲食料品，機械器具，繊維・衣服等のいずれかである。

Ⅰ　業種別の企業数と従業者数における中小企業と大企業の割合

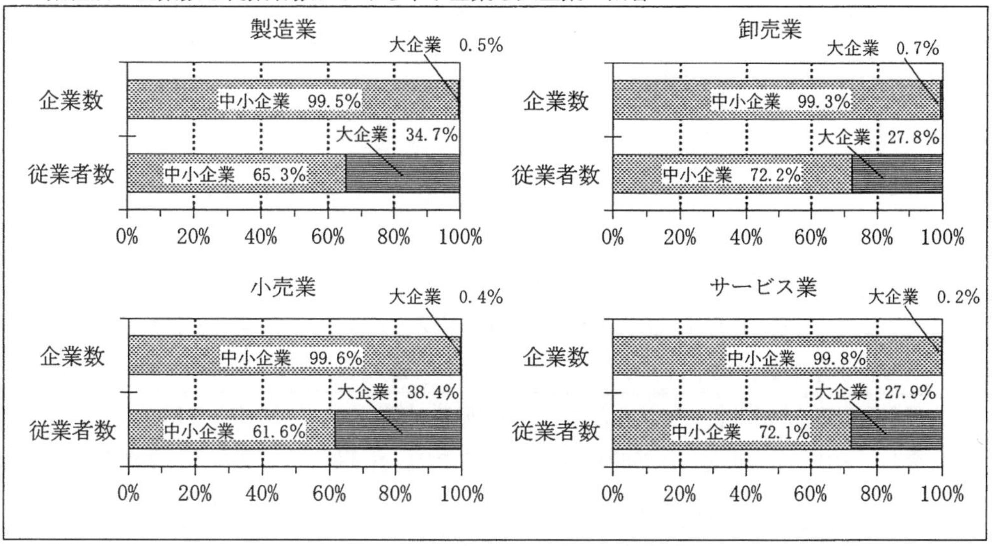

（「中小企業白書　2021年版」をもとに作成）

Ⅱ　卸売業における事業所数の業種別割合

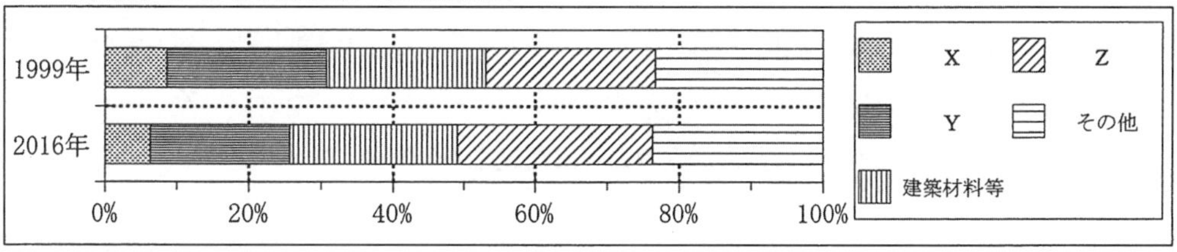

Ⅲ　卸売業における年間商品販売額の業種別割合

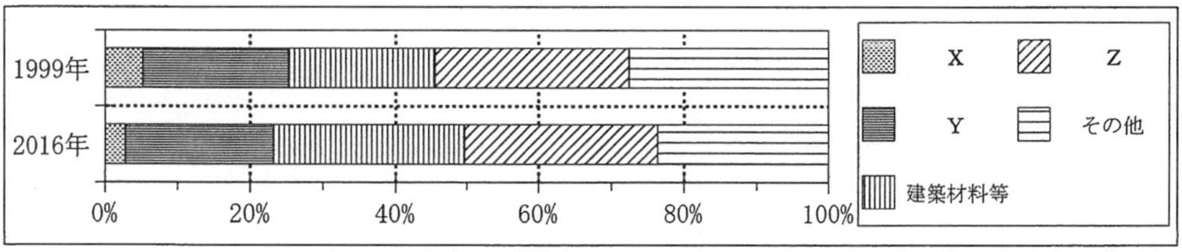

（Ⅱ，Ⅲともに「数字でみる日本の100年　改訂第７版」をもとに作成）

Ⅳ　労働に関する環境整備について

近年，企業における長時間労働やストレスの増大など，働き方の持続可能性に照らして懸念される状況がみられる中で，「『企業の（　　　）』（＝ＣＳＲ）」に関する取り組みが大きな潮流となっています。ＣＳＲとは，企業活動において，社会的公正や環境などへの配慮を組み込み，従業員，投資家，地域社会などの利害関係者に対して責任ある行動をとるとともに，説明責任を果たしていくことを求める考え方です。

（厚生労働省ウェブページをもとに作成）

(1) 次の文章は，生徒がⅠの資料をもとに作成したレポートの一部である。文章中の（　①　），（　②　）にあてはまることばの組み合わせとして最も適当なものを，下の**ア**から**エ**までの中から選んで，そのかな符号を書きなさい。

Ⅰの資料をみると，企業数では，製造業，卸売業，小売業，サービス業の全てにおいて，大企業の占める割合が（　①　）未満となっている。一方，従業者数では，（　②　）において，中小企業の占める割合が最も小さくなっている。

ア　①　1.0%　　②　製造業　　**イ**　①　1.0%　　②　小売業
ウ　①　0.5%　　②　製造業　　**エ**　①　0.5%　　②　小売業

(2) 次の文章は，生徒がⅡ，Ⅲの資料をもとに，卸売業における事業所数，年間商品販売額の業種別割合の推移について発表した際のメモの一部である。Ⅱ，Ⅲの資料中のX，Y，Zの組み合わせとして最も適当なものを，下の**ア**から**カ**までの中から選んで，そのかな符号を書きなさい。

Ⅱ，Ⅲの資料をみると，繊維・衣服等の割合は，事業所数，年間商品販売額ともに1999年と比べて2016年は減少していることがわかる。また，機械器具，飲食料品の割合は，年間商品販売額では1999年と2016年の間に大きな変化はみられないが，事業所数では，1999年と比べて2016年は機械器具の割合が増加し，飲食料品の割合は減少している。

ア　X　飲食料品　　Y　機械器具　　Z　繊維・衣服等
イ　X　飲食料品　　Y　繊維・衣服等　　Z　機械器具
ウ　X　機械器具　　Y　飲食料品　　Z　繊維・衣服等
エ　X　機械器具　　Y　繊維・衣服等　　Z　飲食料品
オ　X　繊維・衣服等　　Y　飲食料品　　Z　機械器具
カ　X　繊維・衣服等　　Y　機械器具　　Z　飲食料品

(3) Ⅳの資料中の（　　　）にあてはまる最も適当なことばを，漢字５字で書きなさい。

(4) 企業の活動や商品の価格について述べた次のX，Y，Zの文について，正しい文を「正」，誤っている文を「誤」とするとき，それぞれの文の「正」，「誤」の組み合わせとして最も適当なものを，下の**ア**から**ク**までの中から選んで，そのかな符号を書きなさい。

X　ある商品の価格が均衡価格よりも高い場合は，一般に，供給量よりも需要量の方が多くなり，品不足が生じる。 Y　企業が活動するのに必要な資金を，株式や債券などを発行して，貸し手から調達することを間接金融という。 Z　公正取引委員会は，寡占の状態にある企業が示し合わせて価格を引き上げることを禁止するなどして，企業に公正で自由な競争をうながしている。

ア　X：正　Y：正　Z：正　　**イ**　X：正　Y：正　Z：誤
ウ　X：正　Y：誤　Z：正　　**エ**　X：正　Y：誤　Z：誤
オ　X：誤　Y：正　Z：正　　**カ**　X：誤　Y：正　Z：誤
キ　X：誤　Y：誤　Z：正　　**ク**　X：誤　Y：誤　Z：誤

6 次の文章は，生徒が環境問題についてまとめたレポートの一部である。あとの(1)から(3)までの問いに答えなさい。

> 高度経済成長の時期の日本では，水質汚濁や大気汚染，騒音，振動，悪臭，土壌汚染，地盤沈下などによって，地域の住民の健康や生活が損なわれる<u>公害</u>が多く発生し，社会問題となりました。これを受けて，政府は1967年に公害対策基本法を制定し，1971年には環境庁を設置しました。さらに，1993年には公害対策基本法を発展させた形で（　X　）が制定され，地球温暖化の抑制や生態系保全，リサイクルなどへの取り組みが強化されています。現在，私たちはさまざまな地球規模の環境問題に直面していますが，これらの解決には国際的な協力が重要となっています。

(1) 次の文は，文章中の<u>公害</u>について，生徒が説明したメモの一部である。文中の（　①　），（　②　）にあてはまることばの組み合わせとして最も適当なものを，下の**ア**から**カ**までの中から選んで，そのかな符号を書きなさい。

> 熊本県で発生した（　①　）による水俣病，三重県の四日市市で発生した四日市ぜんそく，また，（　②　）県の神通川下流域で発生したイタイイタイ病は，いずれも四大公害病に含まれます。

ア　①　水質汚濁　　②　富山　　　**イ**　①　水質汚濁　　②　新潟
ウ　①　大気汚染　　②　富山　　　**エ**　①　大気汚染　　②　新潟
オ　①　地盤沈下　　②　富山　　　**カ**　①　地盤沈下　　②　新潟

(2) 文章中の（　X　）にあてはまる法律の名称を，漢字５字で書きなさい。

(3) 2020年以降の地球温暖化対策を定めたパリ協定の内容について述べた文として最も適当なものを，次の**ア**から**エ**までの中から選んで，そのかな符号を書きなさい。

ア　温室効果ガスの排出量が多い先進国に，排出量の削減を義務づけた。
イ　「かけがえのない地球」を合い言葉として，国際社会が協力することが決められた。
ウ　気候変動枠組条約などが結ばれ，その後も継続的な話し合いを行うことが決められた。
エ　発展途上国を含めた全ての参加国に，温室効果ガスの排出量削減を求めた。

（問題はこれで終わりです。）

令和４年学力検査

全　日　制　課　程　B

第３時限問題

社　　　会

検査時間　11時30分から12時15分まで

「解答始め」という指示があるまで，次の注意をよく読みなさい。

注　　意

(1) 解答用紙は，この問題用紙とは別になっています。

(2) 「解答始め」という指示で，すぐ受検番号をこの表紙と解答用紙の決められた欄に書きなさい。

(3) 問題は(1)ページから(10)ページまであります。表紙の裏と(10)ページの次からは白紙になっています。受検番号を記入したあと，問題の各ページを確かめ，不備のある場合は手をあげて申し出なさい。

(4) 答えは全て解答用紙の決められた欄に書きなさい。

(5) 印刷の文字が不鮮明なときは，手をあげて質問してもよろしい。

(6) 「解答やめ」という指示で，書くことをやめ，解答用紙と問題用紙を別々にして机の上に置きなさい。

受検番号	第　　　　　番

2　次の(1)から(3)までの問いに答えなさい。

(1)　表は，ある工場で使われている，ねじを作る機械A，B，Cの性能を確かめるために，それぞれの機械によって１時間で作られたねじの一本あたりの重さを度数分布表にまとめたものである。なお，この工場では，4.8ｇ以上5.2ｇ未満のねじを合格品としている。

重さ(ｇ)	度数（個）		
	A	B	C
以上　未満			
4.4 ～ 4.8	4	3	5
4.8 ～ 5.2	114	144	188
5.2 ～ 5.6	2	3	7
計	120	150	200

表からわかることについて正しく述べたものを，次の**ア**から**ケ**までの中から全て選んで，そのかな符号を書きなさい。

ア　１時間あたりで，合格品を最も多く作ることができる機械は，Ａである。

イ　１時間あたりで，合格品を最も多く作ることができる機械は，Ｂである。

ウ　１時間あたりで，合格品を最も多く作ることができる機械は，Ｃである。

エ　１時間あたりで，合格品を作る割合が最も高い機械は，Ａである。

オ　１時間あたりで，合格品を作る割合が最も高い機械は，Ｂである。

カ　１時間あたりで，合格品を作る割合が最も高い機械は，Ｃである。

キ　１時間あたりで，作ったねじの重さの平均値が5.0ｇより小さくなる機械は，Ａである。

ク　１時間あたりで，作ったねじの重さの平均値が5.0ｇより小さくなる機械は，Ｂである。

ケ　１時間あたりで，作ったねじの重さの平均値が5.0ｇより小さくなる機械は，Ｃである。

(2)　図で，Oは原点，A，Bは関数$y=\frac{1}{2}x^2$のグラフ上の点で，x座標はそれぞれ-2，4である。また，C，Dは関数$y=-\frac{1}{4}x^2$のグラフ上の点で，点Cのx座標は点Dのx座標より大きい。

四角形ADCBが平行四辺形のとき，点Dのx座標を求めなさい。

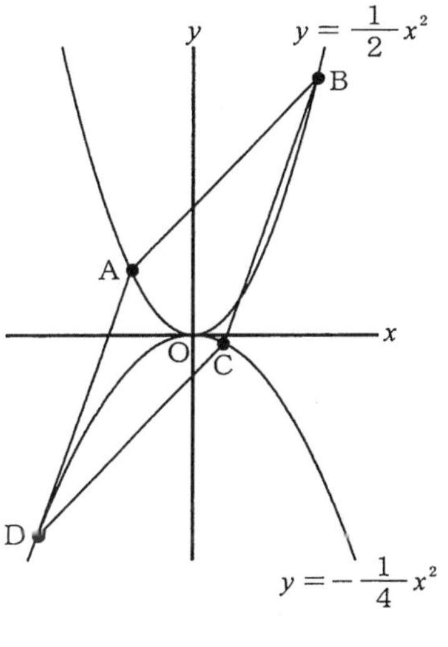

数　　学

1　次の(1)から(10)までの問いに答えなさい。

(1)　$6 \div (-2) - (-7)$　を計算しなさい。

(2)　$2(6x - 8y) + 3(5y - 4x)$ を計算しなさい。

(3)　$(x + 5)(x - 2) - 3(x - 3)$　を因数分解しなさい。

(4)　$(\sqrt{5} + \sqrt{2})^2 - (\sqrt{5} - \sqrt{2})^2$　を計算しなさい。

(5)　方程式　$(2x + 1)^2 - 3x(x + 3) = 0$ を解きなさい。

(6)　消しゴムが y 個あり，生徒 x 人に3個ずつ配ったら余った。
この数量の関係を不等式に表しなさい。

(7)　箱の中に1から9までの数字が書かれた玉が1個ずつ入っている。中を見ないで，この箱の中から玉を1個取り出すとき，6の約数が書かれた玉が出る確率を求めなさい。

(8)　横の長さが8cm，たての長さが6cmの長方形のカードがある。
このカードと同じカードを同じ向きにすき間のないように並べて，なるべく小さな正方形をつくるとき，カードは何枚必要か，求めなさい。

(9)　Aは2点（-3，-8），（1，4）を通る直線上の点で，x 座標が3である。
このとき，点Aの y 座標を求めなさい。

(10)　次の**ア**から**エ**までの立体のうち，体積が最も大きいものはどれか，そのかな符号を答えなさい。

ア　1辺が1cmの立方体

イ　底面の正方形の1辺が2cm，高さが1cmの正四角すい

ウ　底面の円の直径が2cm，高さが1cmの円すい

エ　底面の円の直径が1cm，高さが1cmの円柱

令和４年学力検査

全　日　制　課　程　B

第２時限問題

数　　学

検査時間　10時20分から11時05分まで

「解答始め」という指示があるまで，次の注意をよく読みなさい。

注　意

(1) 解答用紙は，この問題用紙とは別になっています。

(2) 「解答始め」という指示で，すぐ受検番号をこの表紙と解答用紙の決められた欄に書きなさい。

(3) 問題は(1)ページから(4)ページまであります。表紙の裏と(4)ページの次からは白紙になっています。受検番号を記入したあと，問題の各ページを確かめ，不備のある場合は手をあげて申し出なさい。

(4) 白紙のページは，計算などに使ってもよろしい。

(5) 答えは全て解答用紙の決められた欄に書きなさい。

(6) 印刷の文字が不鮮明なときは，手をあげて質問してもよろしい。

(7) 「解答やめ」という指示で，書くことをやめ，解答用紙と問題用紙を別々にして机の上に置きなさい。

受検番号	第　　　　　番

に水を入れて重たくし、壁の上部は水なしで軽くすれば安定するという合理的で気楽な構造システムである。

5 最初に試みたのは、レゴブロックの形をそのまま拡大したレゴ式ポリタンクである。ポリタンクだから、蓋をつければ水の出し入れは簡単である。問題は、ブロック同士の「つなぎ方」である。単位となるブロック同士をどう結合させるかが、このような「積む」タイプの「小さな」建築の難関となる。本物のレンガなら、レンガとレンガの間に、セメントと砂をまぜてこねた、モルタルという接着剤をつめこむ。モルタルが固まるとレンガとレンガは、結合される。石もレンガも、昔からこのモルタルを使って固定されてきた。このやり方だと、確かに固まることは固まるのだが、やり直しがきかないという大きな欠点があった。壁の位置を変えたくなるなんていうことは、人間のきまぐれな生活の宿命で、しょっちゅう起こる。しかし、レンガで積んだ壁を壊してやり変えようと思っても、モルタルで固めてあるとそう簡単にはくずせない。

6 そもそもコンクリートの壁は、そのような取り返しのつかない存在の極致であった。世の中には、「取り返しがつかない」ことを「強さ」と取り違えて、③コンクリートでできた巣に依存するタイプの人たちもいる。しかし僕は逆に、その「取り返しがつかない」という強迫的時間感覚に耐えられなくて、もっと気楽に作っては壊せる「小さな建築」を探しているわけだから、レンガをモルタルでべたっと接着してしまっては、元も子もない。〔 B 〕レンガが素手でハンドルしやすい「かわいい」サイズでも、モルタルの接着力が障害となって、「小さい建築」とは呼べないのである。そこで思いついたのがレゴ式のジョイントであった。一つ一つのブロックに突出（凸）と孔（凹）がついていて、凸を凹にはめこめば、二つのブロックは接合されて、しっかりと固まるという仕掛けである。この要領でどんどん積んでいけば、簡単に壁ができる。壊したくなれば、凸凹をはずせば、もとのばらばらのブロックに戻るだけである。このような「取り返しのつく」気楽なジョイントが、「小さな建築」にはふさわしい。

（隈研吾《くまけんご》『小さな建築』岩波新書による）

（注）○ 1～6は段落符号である。
○ リスボン大地震＝一七五五年十一月一日に発生した巨大地震。ポルトガルのリスボンを中心に大きな被害が生じた。
○ ハコモノ建築＝ここでは、公共事業で建設された施設のこと。
○ 媒介＝二つのものの間をとりもつもの。
○ 舵《かじ》を切る＝ここでは、方針を転換する。
○ ハンドル＝扱うこと。
○ OS＝オペレーティング・システムの略。ここでは、建築の基本的な材料の意味で用いられている。
○ バリケード＝ここでは、侵入を防ぐために設置する資材のこと。
○ レゴブロック＝プラスチックの部品を組み合わせていろいろな造形をするレゴ社製の玩具。
○ 極致＝ここでは、それ以上は行き着くことができない状態のこと。
○ ジョイント＝接合。 ○ 孔＝くぼみ。

(一) ①「大きなシステム」の説明として最も適当なものを、次の**ア**から**エ**までの中から選んで、そのかな符号を書きなさい。

ア 近代以降、人間に自分の弱さや小ささを自覚させてきたものであるが、一方で人間のこれからの可能性を感じさせてくれたもの

イ 近代以降、人間が壮大な世界と自らをつなぐものとして求めてきたものであるが、逆に人間と世界を切り離すことになったもの

ウ 近代以降、人間は世界と自分をつなぐことの重要性を認識するようになり、その目的を達成するために人間が手作業で作ったもの

エ 近代以降、人間の弱さや小ささを痛感して開発されてきたものであり、建築をはじめあらゆる分野で人間を幸福にしてきたもの

(二) ②「小ささ」とは何かを考えなくてはいけない　とあるが、筆者が考える「小ささ」とはどのようなことか。その説明として最も適当なものを、次の**ア**から**エ**までの中から選んで、そのかな符号を書きなさい。

ア　小さくて非力な人間と同様に、弱々しくすぐに壊れてしまうこと

イ　身近で親しみやすいが、手を加えることは簡単にできないこと

ウ　全体の小ささではなく、単位として適切な大きさや重さであること

エ　人間の身体に合わせて、全体の大きさが縮小されているということ

(三) 〔**A**〕、〔**B**〕にあてはまる最も適当なことばを、次の**ア**から**カ**までの中からそれぞれ選んで、そのかな符号を書きなさい。

ア　しかも　　**イ**　やがて　　**ウ**　いかに　　**エ**　とうてい

オ　ところが　　**カ**　あたかも

(四) 筆者は第四段落で、「水のレンガ」で建築を作ろうと思い立った理由について述べている。それを要約して、七十字以上八十字以下で書きなさい。ただし、「身体」、「合理的」という二つのことばを使って、「「水のレンガ」は、……」という書き出しで書くこと。二つのことばはどのような順序で使ってもよろしい。

(注意)
・句読点も一字に数えて、一字分のマスを使うこと。
・文は、一文でも、二文以上でもよい。
・下の枠を、下書きに使ってもよい。ただし、解答は必ず解答用紙に書くこと。

(五) ③コンクリートでできた巣　ということばに込められた筆者の気持ちとして最も適当なものを、次の**ア**から**エ**までの中から選んで、そのかな符号を書きなさい。

ア　感服　　**イ**　皮肉　　**ウ**　憧れ　　**エ**　妬み

「水のレンガ」は、

70　80

(六) あとの**ア**から**オ**までは、本文を読んだ生徒五人が、次の参考文も踏まえて、筆者の建築に対する考えをまとめたものである。その内容が本文及び参考文に書かれていない考えを含むものを一つ選んで、そのかな符号を書きなさい。

(参考文)

コンクリート建築は、無意識のうちにヴォリュームを指向し、ヴォリュームになりたがるのである。砂利と砂とセメントと水をまぜた、ドロドロとした液体を乾燥させ、固めたものがコンクリートなので、そもそも塊＝ヴォリュームだからである。逆に、

ひとつの塊（ヴォリューム）になることを拒否した、パラパラとした、さわやかな物のあり方が、点・線・面である。

「コンクリートから木へ」が生涯のテーマだと、僕はずっと考え続けてきた。二十世紀とは要約すれば工業化社会であり、コンクリートの時代であった。工業化社会は、コンクリートという素材によって、実際に建設されたし、同時にコンクリートという物質によって表象される社会であった。

その後、僕らが生きているポスト工業化の社会は、木という素材によって、さまざまな物たちが作られるべきであるし、木によって表象される社会になるであろう。それは僕の予測であると同時に、熱望である。だからこそ、二〇二〇年の東京オリンピック、パラリンピックのために建設された国立競技場は、全国から木を集めて、小さな木のピースを、ひとつずつ手で組み上げるようにして作り上げた。

そして、木を使うなら、可能な限り、ヴォリュームとして閉じることを避け、木独特の、パラパラとした開放感を作り出したいと考えた。一〇・五センチの幅しかない、点のように小さく、あるいは線のように細い寸法の杉の板で国立競技場の外壁は覆われた。全体は大きいが、僕らの目の前にあるのは、小さな点や線である。

（隈研吾『点・線・面』岩波書店による）

（注）○ 表象＝象徴。イメージ。
○ ポスト工業化の社会＝工業化社会の次に現れる社会。
○ ピース＝断片。

ア 本文と参考文のいずれにおいても、筆者が目指しているものは、工業化社会からの脱却である。人々は、コンクリートという強く大きな塊に頼ってきたが、世界と切り離され、幸せではないことに気づいた。今、大切なのは、小ささや「点・線・面」という物のあり方である。

イ 筆者は、「小さな建築」に必要な「小さな単位」として水のレンガを考案し、建築する試みを行った。さらに近年では、同じ「小さな単位」として小さな木のピースを用い、全体は大きくても目の前にあるのは小さな点や線という国立競技場の完成に至った。筆者のテーマ「コンクリートから木へ」が形になったといえる。

ウ 筆者は、二十世紀を工業化社会、二十一世紀をポスト工業化社会と捉え、その上で建築に用いる素材の違いに注目している。一度作ると簡単には壊せないコンクリートで作った建築よりも、パラパラとした開放感のある、木を素材とした建築が求められる社会が来ることを予想している。

エ 人間は、コンクリートによる「大きな建築」に閉じ込められた生活を幸福と錯覚していたことへの反省から「小さな建築」を目指すようになった。そこで筆者は、国立競技場に見られるように、全国から集めた木を用いて建築を作っている。これは自然への回帰と自然保護の両立を図ろうとする試みである。

オ 筆者は、「小さな建築」を建築全体の小ささと捉えるのではなく、何を用いて作るかを問題としている。本文では、身近な場所で利用されているものからヒントを得た水のレンガを考案し、建築に応用する過程が語られている。また参考文では、小さな木のピースを使って作り上げる建築が紹介されている。

四 次の古文を読んで、あとの㈠から㈣までの問いに答えなさい。（本文の - - - - の左側は現代語訳です。）

①いにしへより碁をうつに、当局の人（実際に囲碁をしている人）は闇《くら》く、傍《かたはら》観《み》るの者は明らかなりといひ伝へて、俗にいへる②脇目百目《わきめひやくもく》なれば、人のした事、過ぎ去りし事を、跡《あと》からその評判をつけ（あとからそのことについての論評を加え）、③立ちかへつて思案をめぐらし見れば、格別によき分別（考え）も出《い》づるものなり。前にいへるごとく、昔ありし事は、必ず今もそれに似たる事あるものなれば、古人のし損なひし事に気がついてあれば、今日する事の考へになる事多かるべし（多いだろう）。是《こ》れ史（歴史書）を学ぶの大利益《だいりやく》なり。人君の学文（君主の学問）には、史を読む事甚だ当用なる（必要な）事と知るべし。

（『不尽言《ふじんげん》』による）

（注）○ 前にいへるごとく＝本文の前に「いにしへにありし事は、今日の上にちやうど似たる事多くあるものなれば」という記述がある。

㈠ ①いにしへ は歴史的かなづかいである。これを現代かなづかいになおして、ひらがなで書きなさい。

㈡ ②脇目百目《わきめひやくもく》 ということばの意味として最も適当なものを、次のアからエまでの中から選んで、そのかな符号を書きなさい。

ア 当事者よりも第三者のほうが物事を難しく捉えてしまうこと
イ 当事者よりも第三者のほうが物事の深みを感じられること
ウ 当事者よりも第三者のほうが物事の是非を見極められること
エ 当事者よりも第三者のほうが物事を厳しく評価してしまうこと

㈢ ③立ちかへつて思案をめぐらし見れば の現代語訳として最も適当なものを、次のアからエまでの中から選んで、そのかな符号を書きなさい。

ア これまでの行動を振り返ってよく反省してみると
イ 現在の視点から過去のことをあれこれ考えてみると
ウ 家に戻ってから対局をじっくり思い出してみると
エ 囲碁をした場所を訪れて様子をうかがってみると

㈣ 次のアからエまでの中から、その内容がこの文章に書かれていることと一致するものを一つ選んで、そのかな符号を書きなさい。

ア 現在の出来事には過去の出来事と似ているところがあり、過去の失敗を知ると今やるべきことに思い至ることが多い。
イ 現在よりも過去のほうが善悪の判断基準がはっきりしていたため、歴史を学んだ人には適切に善悪を判断できる人が多い。
ウ 過去の出来事が複雑にからみ合って現在の出来事があるため、過去を学ぶことで今を深く理解することができる。
エ 過去の失敗に学ぶという点で歴史と囲碁には通じるものがあり、歴史を学んで得たことは囲碁に生かすことができる。

（問題はこれで終わりです。）